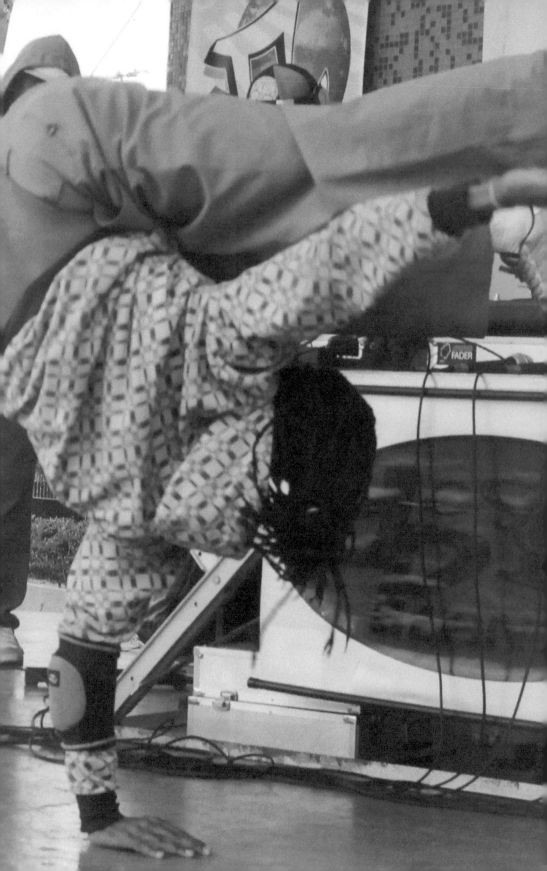

ROBERTO CAMARGOS

RAP E POLÍTICA

PERCEPÇÕES DA VIDA SOCIAL BRASILEIRA

Copyright desta edição © Boitempo Editorial, 2015

Coordenação editorial
Ivana Jinkings

Edição
Thaisa Burani

Coordenação de produção
Juliana Brandt

Assistência de produção
Livia Viganó

Revisão
Maíra Mendes Galvão

Diagramação
Otávio Coelho

Capa
Ronaldo Alves

Fotos
Thiago Nascimento

Equipe de apoio:
Ana Yumi Kajiki, Artur Renzo, Bibiana Leme, Elaine Ramos, Fernanda Fantinel, Francisco dos Santos, Isabella Marcatti, Kim Doria, Marlene Baptista, Maurício dos Santos, Nanda Coelho e Renato Soares

---

CIP-BRASIL. CATALOGAÇÃO-NA-FONTE
SINDICATO NACIONAL DOS EDITORES DE LIVROS, RJ

O51r

    Oliveira, Roberto Camargos de
      Rap e política : percepções da vida social brasileira/ Roberto Camargos de Oliveira. - 1. ed. - São Paulo : Boitempo, 2015.
      il.

    Inclui bibliografia
    ISBN 978-85-7559-426-1

      1. Hip-hop (cultura popular) - Aspectos sociais. Rap (Música) - Aspectos sociais. I. Título

15-19210.   CDD: 784.5
                                                                                                 CDU: 78.067.26

O texto original deste livro foi contemplado com o
Prêmio Funarte de Produção Crítica em Música de 2013.

É vedada a reprodução de qualquer parte deste livro sem a expressa autorização da editora.

1ª edição: janeiro de 2015
3ª reimpressão: outubro de 2024

BOITEMPO
Jinkings Editores Associados Ltda.
Rua Pereira Leite, 373
05442-000 São Paulo SP
Tel.: (11) 3875-7250 / 3875-7285
editor@boitempoeditorial.com.br
boitempoeditorial.com.br | blogdaboitempo.com.br
facebook.com/boitempo | twitter.com/editoraboitempo
youtube.com/tvboitempo | instagram.com/boitempo

*A todos aqueles que fazem da cultura
– e particularmente do rap –
sua ferramenta de interrogar o mundo...*

Legenda das fotos

capa   Graffiti – 0880 – Heliópolis (CCA Lagoa | ESTRONDO beats.
6 fev. 2014

p. 2   FH2 – Teste Seu Fôlego & DosPlanos, *b. boy* TheKingSarará.
23 jul. 2011

p. 8   Mesa de discotecagem.
24 mar. 2014

p. 52   Projeto de *hip hop* instrumental ColigAvante (parceria Avante O Coletivo e Coligação Z.E.M.).
1 nov. 2012

p. 93   Público no Palco do Hip Hop, nos 461 anos de São Bernardo do Campo.
31 ago. 2014.

p. 94-5   Batalha das "Pistas" – Intinerário Rap, Mauá-SP.
28 maio. 2014

p. 96   Racionais MC's | Soul Art
27 jan. 2013.

p. 126   Eduardo, do Facção Central – Pista de Skate de São Bernardo do Campo.
14 jan. 2012

p. 188   II Block Party – Polo Cultural de Heliópolis (UNAS).
23 mar. 2014

[+] facebook.com/ThiagoNascimentoFotografia
[+] flickr.com/photos/thiago_oficial

SUMÁRIO

Prefácio: Sem travas na língua – Adalberto Paranhos 9
Introdução 15

Duas ou três palavras sobre o *RAP* 31
Diálogo com as críticas 53
A construção do sujeito engajado 77
Política e cotidiano 97
Tribunal da opinião 111
Representações, experiências, verdades 127
Poéticas do vivido 147

Fontes 173
Bibliografia 183
Agradecimentos 189

"O que aqui ofereço ao leitor é, em parte, uma invenção minha, mas uma invenção construída pela atenta escuta das vozes do passado."

Natalie Zemon Davis, *O retorno de Martin Guerre*, p. 21.

PREFÁCIO: SEM TRAVAS NA LÍNGUA
Adalberto Paranhos

Inesperadamente, num *show* de 2012 depois transposto para o formato de CD e de DVD e batizado de *Na carreira*, ninguém menos do que o cancionista Chico Buarque rendeu suas homenagens ao *rap* e aos *rappers*. Para surpresa de seus fãs – em sua maioria, ao que tudo indica, pouco afeitos ao *hip hop* em geral e ao *rap* em particular –, ele, do alto de sua autoridade como um dos maiores ícones da música popular brasileira, conferiu, por assim dizer, o selo de legitimidade a um gênero musical que nada tem a ver com a prática que o consagrou.

Chico saudou, sem meias-palavras, o *rapper* Criolo, que se apropriara de "Cálice" – composição emblemática dos anos 1970, alvo de perseguição e da censura da ditadura militar – para injetar-lhe novo sopro de vida, adaptando-a ao seu estilo artístico:

> Gosto de ouvir *rap*, o *rap* da rapaziada
> Um dia vi uma parada assim no Youtube
> E disse: quiuspariu, parece o Cálice
> Aquela cantiga antiga minha e do Gil
> Era como se o camarada me dissesse:
> Bem-vindo ao clube, Chicão, bem-vindo ao clube
> Valeu, Criolo Doido, evoé, jovem artista
> Palmas pro refrão doído do *rapper* paulista:
> Pai, afasta de mim a biqueira
> Pai, afasta de mim as biate
> Afasta de mim a *cocaine*
> Pois na quebrada escorre sangue

O *rap*, frequentemente olhado com desdém, quando muito como uma espécie de filho bastardo da arte, era como que convidado, por essa via, a adentrar de uma vez por todas nos circuitos de consagração simbólica. Justo ele, que sofrera a estigmatização como não música, a exemplo do que fizera o pesquisador e crítico musical José Ramos Tinhorão, ao aprisioná-lo aos domínios da palavra e rebaixá-lo à condição de mera manifestação discursiva.

Por mais incômodo que o *rap* soe aos ouvidos educados na fruição de outras sonoridades, ele – ao lado de outras vertentes musicais contemporâneas – já vinha perturbando há algum tempo certa ordem sonora estabelecida. A tal ponto que Chico Buarque e estudiosos do campo musical como Luiz Tatit e Santuza Cambraia Naves se puseram a discutir, cada um na sua área específica de atuação, em que medida se poderia falar do fim da canção, ou pelo menos da sua perda de energia, num mundo em que o ritmo e a pulsação eletrônica avançaram terreno numa proporção inimaginável em grande parte do século XX, tomado por definição como "o século da canção".

Sem se deixar arrastar por preconceitos que condenam de antemão o *rap* e os *rappers*, este livro de Roberto Camargos se junta, em boa hora, a uma produção volumosa que começa a se formar em torno dessa prática cultural. E, ao cruzar o universo do *rap* com o da política, privilegiando a etapa de afirmação das transformações de corte neoliberal no capitalismo contemporâneo brasileiro, desbravou territórios pouco explorados.

Rap e política revela a estreita afinidade do autor com muitos intelectuais que vêm insuflando novos ares nas pesquisas ligadas à história cultural do social. Mesmo que ele não o cite, nota-se aqui, por exemplo, uma linha de sintonia e um diálogo indireto com Richard Shusterman, que em sua obra *Vivendo a arte* é movido pela preocupação com "uma redefinição mais democrática e expansiva da arte", o que o levou a dedicar um capítulo ao tema "A arte do *rap*". Em seus estudos sobre a estética popular, esse filósofo estadunidense busca liberá-la do "claustro que a separa da vida e das formas mais populares de expressão cultural". E, em termos gerais, é isso que se propôs igualmente Roberto Camargos, ao datar e situar sua análise no Brasil da década de 1990 e dos anos iniciais do terceiro milênio.

Para tanto, ele mergulhou fundo num *corpus* documental de amplo espectro. Com seu fino faro de pesquisador, o autor fundiu materiais diversos: LPs, fitas K-7, CDs, DVDs e filmes (inclusive documentários), sem contar livros, revistas, dissertações e teses que enfocam ângulos variados do *rap*. Em tempos de internet e de desmaterialização de suportes musicais, lançou-se com afinco fora do comum à caça a blogs, sites e fóruns virtuais, tarefa que não dispensou, sempre que possível, a observação *in loco* da cena *rap*. Para se aquilatar a extensão da sua pesquisa, basta traduzi-la em números. Em seu percurso, Roberto Camargos procedeu ao exame preliminar de cerca de 10 mil composições e quase cem entrevistas publicadas em jornais e revistas impressos ou digitais. Seu rico acervo particular veio se constituindo aos poucos, desde antes de passarmos a trabalhar juntos, quando, na graduação em história da Universidade Federal de Uberlândia (UFU), ele, sob minha orientação, elaborou uma monografia sobre *Cultura e vida social: discurso e crítica social nas músicas hardcore (Brasil, 1990-2005)*.

Não tardou para que os benditos frutos de tanto empenho fossem colhidos. Primeiro, no âmbito doméstico, o texto que originou o livro que a Boitempo ora publica foi escolhido como a melhor dissertação de mestrado defendida no Programa de Pós-Graduação em História da UFU em 2011. Na sequência, em 2013, Roberto Camargos ensaiou um voo mais alto e se inscreveu num concorrido concurso da Funarte, sendo contemplado com o Prêmio Produção Crítica em Música como autor de um dos três melhores trabalhos.

Muitos seriam os aspectos que mereceriam destaque nesta obra. Limito-me a mencionar alguns deles, como a sua opção metodológica. Chamo a atenção para o fato de que, ao procurar reconfigurar parcialmente a sociedade em que vivemos, o autor tenha operado um deslocamento de visões tradicionais que põem em primeiro plano os de cima, sejam estes o Estado, as classes dominantes ou, no caso, as produções musicais canônicas. De forma implícita que seja, ele se recusou a engrossar as fileiras da história vista de cima ou simplesmente a partir das elites, o que muitas vezes deságua no culto às belas-artes desconectado dos elementos artísticos populares. Sua escolha, ao contrário, recaiu sobre uma *history from below* (a história vista de baixo), de clara inspiração thompsoniana, sem que ela implique ignorar a importância de outros sujeitos sociais que não as classes populares.

Noutras palavras, *Rap e política* mapeia o que designo "o lado B da história" e nos possibilita ouvir, como frisou o sociólogo argentino José Nun, "a voz do coro". Daí a ênfase atribuída às vozes dissonantes ou destoantes num cenário social que é inevitavelmente polifônico. Nele a plateia sobe ao palco e, na esteira disso, captam-se as inter-relações entre arte e política, esta concebida como relações de poder que atravessam todos os poros da vida social. A barbárie capitalista neoliberal é exposta à devoração crítica, desnudada sob a ótica corrosiva de um grande número de *raps*, por mais que, aqui e ali, ela seja apreendida pelos *rappers* de maneira até simplória.

Como salientam os rapazes do Facção Central em "Memórias do apocalipse", "A aquarela do Brasil não é a do Ary Barroso", numa alusão a essa composição encharcada de sentimentos ufanistas que, desde a época do "Estado Novo", cumpriu o papel de carro-chefe da safra de sambas-exaltação. Na contramão das canções patrióticas, a linguagem dos *rappers* de que se ocupa este livro vai ao encontro daquilo que, noutro contexto, foi observado por Raymond Williams em *Marxismo e literatura*: ela é uma dimensão do vivido, o que nem de longe significa que seja puro reflexo do real. Sua energia propulsora é extraída da gramática da vida. E a vida desses protagonistas, escanteados nas periferias da sociedade capitalista, não comporta nada que se assemelhe a um mar de rosas.

Ao descerem ao rés do chão histórico em que pisam, eles bebem nas fontes da experiência e do cotidiano. E afinado, em parte, pelo mesmo diapasão, Roberto Camargos valorizou, metodologicamente, essas duas categorias. Seu livro é informado pela noção de experiência, de resto muito cara a E. P. Thompson. Afinal, ela é a carne da qual se nutre, em larga medida, o *rap* e reaparece retrabalhada pelas representações dos *rappers* aqui abordadas, que reforçam a quebra de concepções unilineares sobre a dominação social.

Como ressaltaram, entre outros, os integrantes do Facção Central, em entrevista ao site *RapNacional*, "você tem que estar baseado no dia a dia, a fonte tem que ser um bagulho próprio teu". Ao simplificarem as coisas – algo de que o autor de *Rap e política* se dá conta –, eles alimentam pretensões realistas, como se o discurso que engatilham fosse plena expressão da verdade e do real. Nisso se ancora a autoproclamada legitimidade dos *rappers* "autênticos", supostamente dotados de um fio-terra que os prenderia à realidade e que funcionaria como um filtro purificador de sua produção.

Quaisquer que sejam as reservas que possamos opor a essa visão, os *rappers*, à sua moda, dão as mãos a Michel de Certeau ao elegerem o cotidiano como o lugar em que abastecem suas histórias. O cotidiano, tido durante muito tempo como espaço opaco da reprodução e da falta de inventividade, é reinventado, no dizer de Certeau, "com mil maneiras de caça não autorizada", uma das marcas da poética desses escapados da fome.

Depois de percorrer o livro de Roberto Camargos, o leitor talvez conclua que ele, a rigor, nos convida para um encontro imaginário entre Jean-Jacques Rousseau e Mano Brown, para me referir a uma das figuras mais emblemáticas do *rap* no Brasil. E esse encontro ocorreria não na confluência das Avenidas Ipiranga e São João, como em "Sampa", de Caetano Veloso, mas, sim, em Capão Redondo, região pobre da periferia paulistana de onde Mano Brown saltou para a fama pilotando os Racionais MC's. O que justificaria tal aproximação? Ambos, o filósofo e o *rapper*, voltaram suas baterias contra as desigualdades econômico-sociais, fazendo delas o centro de gravidade de seu pensamento. Rousseau situava a igualdade como pilar de sustentação da liberdade. Sem ela a "vontade geral" padeceria. Já para Mano Brown e os *rappers* engajados aqui estudados, não há como pensar a sério em democracia numa sociedade dilacerada por brutais desigualdades sociais. Cito, uma vez mais, o Facção Central, que em "Sei que os porcos querem meu caixão", gravada no CD sintomaticamente intitulado *A marcha fúnebre prossegue*, demonstra consciência disso. Tanto que o grupo se apresenta como "programado para rimar, buscar a igualdade/para ser ameaça da sociedade/oficial de justiça não apreendeu meu cérebro".

Numa sociedade como a capitalista, que se assenta na desigualdade e a reproduz no seu modo de organização, largas faixas da população levam a pior. Como acusa MC Leco em "CPI – Correções na Política Imediatamente", "o povo é enrabado/como uma atriz pornô/parece que o povo é uma puta e o governo, o gigolô". Não se pense, contudo, que o dedo em riste da condenação social é direcionado apenas contra o governo. Como quem percebe que, sob o Estado capitalista, os governos e a burguesia não estão apartados, os *rappers* descarregam sua ira contra ambos, a exemplo do grupo Clã Nordestino, em "CláNordestinamente-afro", peça da artilharia musical do CD *A peste negra*, lançado pelo selo Face da Morte (os nomes, aqui, falam por si sós): "governo salafrário/a burguesia já matou milhões de nossos irmãos, caralho/pode acreditar que ela é o cão para o nosso povo/[...] o predador e a presa postos no mesmo quintal".

Nos exemplos enfeixados neste livro, Roberto Camargos nos mostra que o Clã Nordestino ainda fustiga os burgueses, no mesmo disco, na faixa "Todo ódio à burguesia". Em "Ases da periferia", retoma o ataque: "O inimigo qual é?/qual é?/qual é?/A burguesia, sistema capitalista selvagem". E por aí se multiplicam as críticas a essa classe social identificada como exploradora, opressora, e responsabilizada pelo regime de privação sofrido por dezenas e dezenas de milhões brasileiros, entre os quais, como é dito expressamente em determinados *raps*, os assalariados submetidos à extração da mais-valia.

Sem travas na língua, esses *rappers* cospem desaforos em suas letras deliberadamente agressivas. Pudera! Vivendo, ou melhor, tentando sobreviver num mundo tensionado pela violência – no qual a violência policial, que conhecem de perto, é o seu pão de cada dia –, eles se sentem como que atirados num cabo de guerra. Por isso, para Mano Brown, "o *rap* é uma arma" que eles manejam à sua moda. Parafraseando Karl Marx, sem terem como recorrer à crítica das armas, os *rappers* se utilizam da arma da crítica para denunciar as mazelas que envolvem o seu cotidiano. Nessa perspectiva, em sua autorrepresentação, concebem a si próprios como "a consciência de plantão da periferia", como declarou Eazy Jay, líder do grupo Comando DMC.

Por todas essas razões, poderíamos marcar um segundo encontro imaginário entre Mano Brown e Michel Foucault nos confins da zona sul paulistana. Para os dois, a política extrapola a bitola convencional que a vincula ao Estado, aos partidos e à prática política institucional. O *rapper*, no seu jeito de ser, aviva a visibilidade política de outros sujeitos sociais, personagens satélites, figuras submersas no universo oficial da política, que atua, na maior parte das vezes, no sentido de confiscar suas esperanças. Daí que, ao ser interpelado sobre sua entrada na política, Mano Brown não pestanejou: "Eu tô na política há vinte anos, irmãos [...]. Faço política do meu jeito. Do meu escritório, meu escritório é a rua, a esquina, entendeu?".

Impõe-se, no entanto, reconhecer que nem todos os habitantes do planeta *rap* leem pela mesma cartilha. Neste livro se concedeu prioridade absoluta aos *rappers* engajados, o setor mais expressivo do *rap* no Brasil. Porém convém explicitar que diferentes mundos se agitam à sombra dessa prática cultural. Assim, pode-se constatar a existência de uma gama imensa de vertentes, que por vezes se misturam, até porque suas fronteiras são móveis. Desde o "*rap* gospel" (do Pregador Luo, Apocalipse XVI, Ao Cubo e Provérbio X) ao "*rap* do bem" (no qual são enquadrados MC Jack e Marcelo D2), passando pelo "*rap* mauricinho" (de Gabriel, O Pensador e Léo Stronda), essas divisões encarnam distintas dicções do *rap* brasileiro e sua classificação já pressupõe todo um campo de disputas e concorrências. Isso para não mencionar outros enquadramentos estilísticos que embasam, por exemplo, correntes como o *rap gangsta* e o *rap underground*.

Em contraposição ao que se vê em *Rap e política*, os defensores de um "*rap* do bem" não compactuam com o que eles interpretam como incentivo à violência, ao crime e às lutas de classe contidos nos *raps* aqui enfatizados, nos quais as palavras se convertem em estilhaços. Sintonizado com uma proposta de outro teor político, Marcelo D2, ao explicar as diferenças entre o *rap* de São Paulo e do Rio de Janeiro, sua base de atuação, não admitiu, em entrevista a Pedro Alexandre Sanches, que "tentamos fazer uma parada do bem, sem tiro, para tentar levantar a moral da galera"?

Propositalmente, Roberto Camargos deixou de lado essas tendências que convivem de modo mais amistoso com a ordem instituída, a ordem do capital. Concentrou-se nos "agentes do mal". De olhos postos no Brasil contemporâneo, produziu um livro com um invejável lastro de pesquisa, escrito com a tinta fresca da história imediata. De hoje em diante, não haverá como enveredar pelo mundo e pelo submundo do *rap* sem reportar-se a esta obra.

INTRODUÇÃO

Ao escrever uma coluna para o *Jornal do Brasil* em 1993, Apoenan Rodrigues revela uma leitura particular de uma cultura musical que, naquele contexto, começava a se consolidar no país. Para ele,

> *Rap* já é um tipo meio chato de música na sua repetição incessante. No caso dos grupos brasileiros que cultivam o gênero, então, o assunto ainda piora quando o que sobra da pobreza musical são letras lamurientas e mal construídas.[1]

A opinião do jornalista evidencia como uma experiência social e cultural expõe as tensões que constituem a vida em sociedade, porque ver o *rap* de modo tão negativo é indício de "lutas de representações"[2], de um descompasso que se instala na maneira como diferentes setores sociais pensam a sociedade – tema que será explorado ao longo deste livro. O *rap*, sobretudo aquele não sintonizado com as

---

[1] Apoenan Rodrigues, "*Rap* ganha vida nova", *Jornal do Brasil*, 12 out. 1993.

[2] Ver Roger Chartier, *História cultural: entre práticas e representações* (Lisboa/Rio de Janeiro, Difel/Bertrand Brasil, 1990). O autor confere à categoria de representação um importante papel para a compreensão do mundo social, pois com as representações produzidas pelos homens é possível identificar as maneiras pelas quais, em contextos e lugares distintos, eles classificam, operam divisões, delimitam e apreendem a realidade social. Essas representações estão estreitamente relacionadas com os interesses e as experiências dos grupos que as concebem, "estando sempre colocadas num campo de concorrência e de competições cujos desafios se enunciam em termos de poder e de dominação" (ibidem, p. 17). Desse modo, são também práticas que visam legitimar posições específicas de determinados setores sociais, construir sua autoridade e justificar suas condutas, sendo, portanto, um espaço de lutas em que representações diferentes sobre o social constituem o processo no qual "um grupo impõe, ou tenta impor, a sua concepção do mundo social, os valores que são seus, e o seu domínio" (idem).

ideias e os valores dominantes, desatou durante os anos 1990 e 2000 comentários que buscavam desautorizá-lo em todos os sentidos: arte, expressão cultural, postura e comportamento. Entretanto, são leituras que não dão conta do objeto, ainda que sejam as mais difundidas e aceitas.

Por isso, considero ser necessário ir ao *rap* com um olhar mais amplo, o que não implica renunciar às questões estéticas – que parecem ser o cerne da nota jornalística de Rodrigues, preocupado que está com os aspectos musicais e a elaboração das letras –, tampouco desprezar as articulações que os sujeitos, por meio do *rap*, constroem entre cultura, vida cotidiana e política. O ideal é pensá-lo em sua totalidade: como música, como composição textual, como um produto e como uma prática de tempo e contexto específicos. Trata-se, no mínimo, de problematizar concepções como a expressa por Rodrigues, fazendo emergir outras possibilidades de abordagens e enfatizando de que forma os *rappers*, por intermédio dessa manifestação cultural, traduzem um universo social vasto e contraditório. É o que se pretende com esta análise: ir além do "tipo meio chato de música" para compreendê-lo como um fenômeno da sociedade na qual se insere. Assim, como se verá adiante, se tornará viável perceber o significado político da emergência de uma forma particular e por vezes desarmônica (em relação aos discursos hegemônicos) de se pensar o Brasil contemporâneo.

Rodrigues escancara o modo como variados segmentos da sociedade brasileira caracterizam o *rap*, concebendo-o como "apropriação de melodias alheias e discurso no lugar de canto, [...] sem muito polimento"[3]; "música suave e letra soturna e violenta, [cuja principal característica são] palavrões a granel"[4]; ou "música de moleque ainda, de marginal, de bandido"[5]. Forçando um contraponto a essas visões e como que deixando marcas de outro caminho, podemos nos remeter às palavras de Kabala e Jamayca, moradores de Ceilândia (DF) que, em meados da década de 1990, integravam o grupo de *rap* Álibi. Em 1997, lançaram o disco *Pague pra entrar e reze pra sair*. As músicas desse álbum, em geral, versam sobre um cotidiano sofrido. Em uma delas ouve-se:

---

[3] Marcelo Rezende, "Racionais MC's", *Folha de S.Paulo*, 23 dez. 1997.
[4] Marcelo Valletta, "*Rapper*, desobediente, segue na contramão", *Folha de S.Paulo*, 05 dez. 2001.
[5] "Todo mundo na fita", *Folha de S.Paulo*, 10 jul. 2001. Tentei prover o maior número possível de informações sobre os documentos utilizados. Assim, quando não há referência a autores, principalmente no caso das matérias jornalísticas, é porque os dados não são informados na fonte consultada. O mesmo se aplica, em muitos casos, à falta de menção às gravadoras.

Vem, vem, não precisa se esconder
Porque com Álibi não tem nada a perder
A vida é assim mesmo, violência, muita estática
Venha comigo nessa viagem fantástica
Mil novecentos e noventa e sete
Ano nacional do movimento *rap*
Mais uma vez unidos sempre com vocês...[6]

O que esse fragmento relata? Considerando os limites deste trabalho, penso ser possível retirar dele o que talvez o *rap* apresente de mais significativo: a possibilidade de uma "viagem fantástica" que perpassa lugares e tempos específicos. Em boa parte da produção do gênero, é isso que se encontra, uma perspectiva de acesso a outras maneiras de viver e pensar o mundo contemporâneo, o que é explicitado na fala inicial de outra composição: "você está entrando... no mundo da informação, autoconhecimento, denúncia e diversão. Esse é o raio-x do Brasil, seja bem-vindo!"[7]. É como se, nas entrelinhas, se pudesse ler que a questão central do *rap* está para além de músicas refinadas, de arranjos sofisticados e de letras altamente poéticas[8].

O que quero realçar é que, na análise de parte dessa produção no Brasil dos anos 1990 e início do século XXI, deparamos com temáticas e perspectivas diversificadas, todas exprimindo um intenso diálogo da música com a vida social, ao configurarem, sob certa ótica, uma espécie de "raio-x do Brasil". Neste trabalho, importa pouco se os *rappers* produzem uma música pobre, ou se as letras são mal construídas – e isso não quer dizer que eu concorde com tais avaliações. Meu interesse consiste na constatação de que, no *rap* que brota na temporalidade delimitada, tem-se um amálgama de visões, sentimentos, concepções de mundo – mesmo que, por vezes, limitados e contingentes[9] – articulados por vários sujeitos sociais em um "trabalho

---

[6] Álibi, "Intro", CD *Pague pra entrar e reze pra sair* (Brasília, Discovery, 1997).

[7] Racionais MC's, "Fim de semana no parque", LP *Raio-x do Brasil* (São Paulo, Zimbabwe, 1993).

[8] Ainda que ironicamente, é o que fazem os *rappers* do grupo Atividade Informal, que, em uma de suas composições, dizem que "o Atividade veio pra mostrar/que não precisa de musicalidade/pra fazer o verdadeiro *H.I.P. H.O.P.*". Cf. Atividade Informal, "Pra fora", s/d.

[9] Reconhecer simplismos, limitações e até mesmo ingenuidades no discurso dos *rappers* não significa desqualificá-lo. Inconformismo, resistência e posicionamentos críticos, ainda que carentes de maior sustentação, são plenos de sensibilidade e, portanto, indícios importantes para se pensar o social. Sobre isso, ver Maria Izilda Santos de Matos, "A cidade, a noite e o cronista: São Paulo de Adoniran Barbosa", *Anais do XIX Encontro Regional de História: poder, violência e exclusão*, São Paulo, Anpuh-SP, 8 a 12 set. 2008, em especial passagens da p. 7.

de refiguração da experiência"[10]. Assim, a importância dessa cultura/música para os debates em torno da sociedade contemporânea está, em termos gerais, no fato de que parte considerável dela constitui meios de expressão associados às classes populares e, sob seu prisma (de pessoas comuns, de trabalhadores), ganha corpo uma intrigante interface entre história, cultura, sociedade, protesto social e vida cotidiana.

As músicas, então, convertem-se em documentos por meio dos quais é possível pensar e refletir sobre uma época, desdobramento de uma postura que, no lugar de uma história dos objetos e das práticas culturais, lança-se na direção de uma história cultural do social. Fazer isso em diálogo com o *rap* é algo legítimo, principalmente se o pesquisador entrar em sintonia com o que aponta Marcos Napolitano, ao afirmar que "entre nós, brasileiros, a canção [...] tem sido termômetro, caleidoscópio e espelho não só das mudanças sociais, mas sobretudo das nossas sociabilidades e sensibilidades coletivas mais profundas"[11].

O *rap* tem sua produção assentada no tempo em que o Brasil sofreu acentuadas transformações, que culminaram, em última instância, na consolidação da hegemonia das ideias e práticas de cunho neoliberal. O país pôs-se a girar mais decisivamente na órbita do capitalismo neoliberal na década de 1990 e, a partir dessa orientação política e ideológica, promoveu a reestruturação da hegemonia burguesa nas esferas sociais como um todo (econômica, política e cultural). Em tempos de supremacia sem precedentes do mercado, instituiu-se uma nova ofensiva do capital sobre a sociedade por intermédio de táticas criadas pelas classes dominantes para efetuar as mudanças que visavam atenuar a crise de acumulação do capitalismo[12]. Neoliberalismo, globalização e reestruturação produtiva são, portanto, fenômenos contemporâneos aos *rappers* e se vinculam à crise por que passaram (e passam) os modelos socioeconômicos baseados no mercado, que, para se salvarem, colocaram a corda em volta do pescoço de amplos setores sociais, e estes, que já não gozavam

---

[10] Roger Chartier, *História cultural*, cit., p. 24.

[11] Marcos Napolitano, "Pretexto, texto e contexto na análise da canção", em Francisco Carlos T. Silva (org.), *História e imagem* (Rio de Janeiro, UFRJ/Proin-Capes, 1998), p.199.

[12] Sobre a hegemonia neoliberal e seus desdobramentos, ver Ricardo Antunes, *Adeus ao trabalho? Ensaio sobre as metamorfoses e a contemporaneidade do mundo do trabalho* (2. ed. São Paulo/Campinas, Cortez/Editora da Unicamp, 1995); Armando Boito Jr., *Política neoliberal e sindicalismo no Brasil* (São Paulo, Xamã, 1999); Sílvio Romero Martins Machado, *Ideologia e discurso diplomático: a inserção do Brasil na ordem neoliberal (1985-1999)* (Porto Alegre, PUC-RS, 2005), dissertação de mestrado em história das sociedades ibéricas e americanas; e Reginaldo Moraes, *Neoliberalismo: de onde vem, para onde vai?* (São Paulo, Senac, 2001).

de condições desejáveis de vida, foram duramente afetados, de forma direta e indireta, com as transformações a eles impostas. A participação do *rapper* Fininho na música "Vanguarda *hip hop*", de Linha Dura, por exemplo, mostra uma leitura desse processo e como ele está ligado à experiência prática dos *rappers* (ainda que nem sempre isso apareça de modo explícito):

> Linha Dura,
> Eu já saquei esse tal de neoliberalismo
> Estão entregando o tesouro do Brasil
> Para os banqueiros gringo
> Estou entendendo esse jogo
> Estão nos enganando de novo
> Eu quero o dicionário Aurélio aberto
> Ajudando o nosso povo
> É importante que tomem consciência da nossa militância
> Queremos a voz do povo na Central, na liderança
> Olha as guerras no Oriente,
> Tremores no Ocidente
> Será que isso não tem nada a ver com a gente?
> Semeio a vida, eu quero a paz máxima
> Não vou me acomodar perante essa problemática.

Ao que é dito por Fininho, o *rapper* Linha Dura elabora sua resposta, da qual destaco um trecho que sugere certo descompasso ante a realidade social que está posta nessa conjuntura:

> Periferia, marche, mova-se
> Que nossa utopia se espalhe
> Desigualdade, estupidez, ignorância (com nós DJ Tába)
> Pare![13]

Como é possível notar, o contexto dos *raps* e de outros tipos de discurso manipulados pelos *rappers* que serão analisados é a ordem estabelecida pelo processo histórico de modernização capitalista, que teve características muitas vezes classificadas de "selvagens" e intensificaram as desigualdades. É o que demonstra Giovanni Alves em seu balanço sobre a "década neoliberal", ao frisar que

---

[13] Linha Dura, "Vanguarda *hip hop*" (Cuiabá, s/d), produção independente. Sempre que uma composição for citada sem que seja mencionado o CD ou LP é porque se trata de uma faixa avulsa.

o Brasil continuou apresentando a pior distribuição de renda do mundo industrializado. O "choque de capitalismo" da década passada tendeu a concentrar mais ainda a riqueza social. [...] na década de 1990 cresceu a distância [...] entre os 10% mais ricos e os 40% mais pobres. Em 1992 a diferença entre o pico e a base da pirâmide nacional de rendimentos era de cerca de treze salários mínimos.[14]

Ao longo das últimas décadas, o capitalismo vigente impactou enormemente a sociedade, atingindo os mais diversos agentes sociais, suas sociabilidades e sensibilidades, além de tentar difundir sua ótica como verdade universal para tudo e todos. Na prática, exibiu "o poder de colocar o conjunto das classes subalternas na defensiva e de afirmar a permanente e necessária vitória do capitalismo como vontade da história"[15]. Nessas circunstâncias, de fato processou-se uma tremenda violência que incidiu sobre a vida das pessoas comuns, o que agudizou problemas sociais e aumentou as tensões presentes nas relações de poder e sociais.

Tais experiências vividas estão documentadas nas canções dos *rappers*, que representam a construção de memórias de uma época. Logo, percebem-se nelas os sinais de categorias que são centrais neste livro – sociedade, cultura e política –, que emergem a partir da forma como as experiências sociais e históricas foram vivenciadas, apreendidas e traduzidas em canções. Não que devam ser tomadas como fatos e verdades incontestáveis do passado; antes, indicam como nele se instalaram a diversidade, a tensão, a oposição, a conformidade e a negação entre diferentes sujeitos.

Assim, por exemplo, depois de experimentar de modo perverso os casos e acasos dos tempos marcados pela hegemonia neoliberal, depois de mais duas décadas dedicadas à música, depois de vários CDs gravados, depois de várias de suas composições circularem por todo o território brasileiro e serem convertidas em (anti-)hino das franjas das cidades ditas globais, do lugar onde as pessoas chegam antes de atingir a "cidade", depois de receber a alcunha de poeta do *rap* nacional, o *rapper* GOG[16] gravou seu primeiro e até então único DVD. O trabalho, intitulado

---

[14] Giovanni Alves, "Trabalho e sindicalismo no Brasil: um balanço crítico da "década neoliberal" (1990-2000)". *Revista de Sociologia e Política*, Curitiba, UFPR, n. 19, nov. 2002, p. 71.

[15] Edmundo Fernandes Dias, "Posfácio", em Ruy Braga, *A restauração do capital: um estudo sobre a crise contemporânea* (São Paulo, Xamã, 1996), p. 277.

[16] Nome artístico de Genival Oliveira Gonçalves, nascido em Sobradinho (DF). Para mais aspectos biográficos de Genival, ver Bianca Chiavicatti, "O sonhador visionário do *rap*", *Caros Amigos*, n. 24, São Paulo, Casa Amarela, jun. 2005, ed. especial, p. 9.

Cartão postal bomba, foi lançado em 2009 e, até por se tratar de uma compilação de alguns momentos de sua carreira, ilustra o que foi relatado até aqui.

Tal como o cartão postal que se envia pelo correio, o cartão postal de GOG (que é uma bomba) põe em circulação imagens não da cidade idealizada dos cartões que encontramos nas bancas de jornal, mas do seu lado B. Da primeira música, "Dia a dia da periferia", à última, "Assassinos sociais", os temas enfocam a vida social, ou seja, as experiências de trabalho, lazer, moradia, o acesso a equipamentos públicos, a distribuição de renda, sentimentos e valores, e como tudo isso integra uma forma específica de pertencer à sociedade.

Acredito, vale repetir, ser possível pensar a vida social lançando mão das canções de *rap*, centrando a atenção nos indícios de experiências históricas comuns, das quais provêm ideias, sentimentos, decepções e aspirações que permeiam a vida das pessoas. E é justamente esse lastro histórico compartilhado que é mobilizado, conforme informa o próprio GOG, ao se referir a algumas de suas composições:

> São momentos diversos. São acontecimentos em tempos diferentes, músicas diferentes. Mas olha só, [as canções] "Momento seguinte", "Periferia segue sangrando", "Mais uma história" e "Quando o pai se vai", quando você pega cada uma delas, cada uma dessas criações e você monta, você: "Caramba! Olha só, que quebra-cabeça! Que louco. Um quebra-cabeça social". [...] Só pra você ver, [as músicas] "Assassinos sociais", "Fogo no pavio", "Eu e Lenine – a ponte", tudo isso, se você perceber, aconteceu comigo, mas aconteceu com você também, e você consegue entender o que eu falo.[17]

A fala de Genival destaca uma das dimensões do complexo universo da cultura musical *rap* que venho enfatizando, ao pôr às claras seu diálogo com as questões sociais. Entender essa relação da prática cultural com os aspectos sócio-históricos do próprio tempo, situando sua inserção no campo de forças das leituras do Brasil contemporâneo, está no âmago deste texto. O que têm os *rappers* a dizer sobre as décadas mais recentes? Seus discursos – as crônicas e imagens que criam – revelam que espécie de experiência social?

O interesse em explorar os discursos do *rap* sobre o social surgiu quando notei neles a maneira como certos sujeitos qualificavam/desqualificavam a organização, os valores, a desigualdade, os preconceitos que regem o convívio social ou que o alimentam. Suas músicas, compreendidas como representações, elucidam, mesmo que parcialmente, relações de poder estabelecidas, sendo indícios de práticas, ações e valores em negociação e, no limite, em dissonância com a ordem social do capital.

---

[17] GOG, DVD *Cartão postal bomba* (Brasília, Só Balanço, 2009).

Nesse sentido, ainda que as perspectivas neoliberais tenham-se firmado como dominantes nos anos 1990[18], outros sinais abrem caminhos para que não se veja o período como monolítico. O estudo da história aponta para a vida social como lugar da diversidade, a um só tempo constituindo espaço de conformação e conflito que reverberam em cada atividade do homem. Daí ser frutífero mergulhar no pensamento e nas ações das pessoas, nas dimensões do viver em determinadas sociedades para compreender os o quê e porquês de certos discursos, silêncios, comportamentos, práticas e valores propagados inclusive pela via da produção cultural.

Em muitos casos – justamente aqueles sobre os quais pretendo me debruçar neste livro –, a tradução dos dilemas da vida social pelo *rap* desemboca num discurso dissonante ou de protesto frente ao que é hegemônico (o que talvez se relacione, ao menos em parte, com as críticas que pesam sobre o gênero). Isso me levou a pensar as relações existentes entre cultura e política, o que será feito em uma perspectiva que valoriza a intervenção social dos *rappers*. Para tanto, será necessário realizar um contraponto, ou até mesmo me colocar na contramão diante de posturas que se apegam a uma concepção tradicional, quando não conservadora, do que é a política. Para não desconsiderar e/ou minimizar o caráter político da ação/expressão desses sujeitos, analisarei seus *raps* como expressão política, pois frequentemente mobilizam uma posição crítica ante o social. Trata-se, como procurei esclarecer, de uma abordagem que não privilegia unicamente a política institucional e a ação de sujeitos sociais organizados[19].

Evidentemente, é possível, legítimo e importante refletir sobre a emergência da relação do *hip hop* e do *rap* com a política quando os agentes desse universo cultural firmam parcerias com prefeituras, aceitam participar de um comício presidencial ou resolvem fundar um partido (PPPomar, por exemlplo[20]), isto é,

---

[18] Ruy Braga ressalta que atualmente passamos "à confiança cega nas leis e nos valores do mercado, isto é, na capacidade de se alcançar certa 'harmonia social' mediante a regulamentação das relações mercantis, no egoísmo do individualismo exacerbado, enfim, no dogma que não existe solução para além da racionalidade burguesa", em Ruy Braga, *A restauração do capital*, cit., p. 214.

[19] Entre os autores que analisam a política sob outras perspectivas que não aquelas consagradas através dos tempos, ver Teresa Caldeira, "Memória e relato: a escuta do outro", *Revista do Arquivo Municipal*, São Paulo, Departamento do Patrimônio Histórico, n. 200, 1991; Michel Foucault, *Microfísica do poder* (2. ed., Rio de Janeiro, Graal, 1981); José Guilherme Magnani, "Trajetos e trajetórias: uma perspectiva da antropologia urbana", *Sexta Feira*, São Paulo, Editora 34, n. 8, 2006, e Adalberto Paranhos, "Política e cotidiano: as mil e uma faces do poder", em Nelson C. Marcellino (org.), *Introdução às ciências sociais* (17. ed., Campinas, Papirus, 2010).

[20] Sobre isso, ver "Entrevista explosiva: MV Bill", *Caros Amigos*, São Paulo, Casa Amarela, n. 99, jun. 2005; Israel Tabak, "*Hip hop*: a 'revolução silenciosa' que mobiliza as favelas", *Jornal do Brasil*, 17

quando efetivamente agem no interior da esfera institucionalizada[21]. Outras ações, entretanto, também são relevantes. É o que se percebe, por exemplo, num caso ocorrido em São Paulo, quando um grupo de *rap* deveria se apresentar em um comício, após as falas dos políticos. Nesse dia, por exigência do público – pelo qual os mesmos políticos, em outra ocasião, "foram expulsos a pedradas de um comício em Campo Limpo, na zona sul"[22] –, antecipou-se a programação, pois a plateia estava interessada unicamente, ao que parece, na presença dos *rappers*. Por isso, logo depois do show, a plateia abandonou o local, deixando os políticos de profissão a falar sozinhos[23]. Conchavos políticos no âmbito estatal, diálogos institucionais, participação em comícios e coisas do gênero não podem, contudo, ofuscar outras práticas igualmente políticas, como o "boicote" de parte do público ao comício propriamente dito. A sensibilidade compartilhada e comunicada entre os *rappers* e seus admiradores e a visão de mundo que se propaga nesse meio levam muitos sujeitos a não acreditar nos políticos profissionais. Tal fato não significa afirmar que, em si mesmo, o posicionamento dos *rappers* – qualquer que seja – não envolva uma forma de se fazer politicamente presentes no mundo. Daí devermos nos perguntar: o que se pode extrair de político da produção musical dos *rappers*?

Relembro que várias são as maneiras pelas quais as pessoas se fazem presentes na vida pública, e nunca é demais salientar que o gesto, o modo de se vestir, a fala e outros elementos reforçam a presença – por vezes conflituosa – dos sujeitos na trama social. Tomo como exemplo o caso de Nelson Triunfo (que conjugava a própria pobreza, negritude e condição de migrante com outras características também estigmatizadas), reverenciado como um dos precursores do *hip hop* no Brasil e que o vivenciou nas últimas décadas em algumas de suas ramificações[24],

---

jun. 2001; Cristian Klein, "Cantor de *rap* cria partido no Rio para representar os negros", *Folha de S.Paulo*, 06 maio 2001.

[21] Em certo sentido, é o que faz João Batista de Jesus Felix em algumas passagens de *Hip hop: cultura e política no contexto paulistano* (São Paulo, Universidade de São Paulo, 2005), tese de doutoramento em antropologia social.

[22] Xico Sá, "*Rap* ocupa espaço dos políticos na periferia", *Folha de S.Paulo*, 28 jan. 1996.

[23] Evidência da capacidade de mobilização em outros momentos e que remete a questões de política e legitimidade social – como o poder de atrair pessoas conquistado pelos *rappers* – é a fala de Eduardo Suplicy: "Fiquei logo impressionado com a quantidade de gente no comício. Umas 10 mil pessoas. O PT sozinho não seria capaz de reunir, naquele momento, tantas pessoas". Ver "Música ofusca discurso do PT", *Folha de S.Paulo*, 19 jan. 1998.

[24] Segundo seus adeptos e alguns pesquisadores, a cultura hip hop é composta de quatro elementos: *b. boys* e *b. girls*, DJs, MCs e grafiteiros. Os primeiros representam a dança, enquanto a música fica a cargo dos DJs e MCs e a arte plástica, dos grafiteiros.

como *b. boy*, *rapper* e dançarino do grupo Funk & Cia. Em depoimento colhido por Toni C. na produção do documentário *Tudo nosso*, Triunfo rememora aspectos de sua inserção no cotidiano da cidade de São Paulo no fim dos anos 1970 e início dos 1980. Frisa, então, como pequenos gestos por vezes chegam a afetar o estado de coisas dominante, esquadrinhando uma leve linha de fuga aos valores decantados como modelo.

Conforme seu relato, o simples hábito de usar um corte de cabelo não convencional já era suficiente para acionar o patrulhamento – militar e civil – ao comportamento juvenil, mesmo que nada tivesse de intencionalmente político e contestador. A mínima diferença quanto ao padrão mais corriqueiro bastava para justificar qualquer (re)ação, o que é indício de como as relações de poder se espalham por todas as dimensões do viver. Ao se referir à pressão pela adequação às normas vigentes do ponto de vista estético, moral e ideológico, ele lembra que quem destoava delas enfrentava uma "barra pesada":

> No meu caso, eu já me fodi vários anos pra poder mudar isso. Eu fui um dos caras que mais apanhei da polícia. Pro cara usar um cabelo desse aqui [exibe seu enorme cabelo, antes encoberto por um tipo de touca] no tempo do militarismo, tinha que ser foda mesmo, senão não aguentava, não, sabe, cara? Era porrada todo dia, certo?[25]

O rememorar comporta suas armadilhas[26]. O depoente, em seu trabalho de rememoração, não recupera os acontecimentos tais como aconteceram em sua totalidade, mas como uma leitura mediada por suas experiências e opiniões, inclusive as de seu presente. Sabe-se que o deslocamento espaço-temporal daquele que fala se constitui também de lembranças embaralhadas, que são mobilizadas para atribuir sentido ao vivido, pois

> a memória é historicamente condicionada, mudando de cor e forma de acordo com o que emerge no momento; de modo que, longe de ser transmitida pelo modo intem-

---

[25] Depoimento de Nelson Triunfo, extraído do DVD *Tudo Nosso: o hip hop fazendo história* (dir. Toni C., Brasil, s/d).

[26] Para maior aprofundamento do tema da memória e suas complexidades, ver, entre outros, Alessandro Portelli, "O que faz a história oral diferente", *Projeto História*, São Paulo, Edusc, n. 14, fev. 1997, e "O massacre de Civitella Val di Chiana", em Marieta de Moraes Ferreira e Janaína Amado (orgs.), *Usos & abusos da história oral* (Rio de Janeiro, Editora FGV, 2001).

poral da "tradição", ela é progressivamente alterada de geração em geração. Ela porta a marca da experiência [...] Tem, estampadas, as paixões dominantes em seu tempo.[27]

Nesses termos, não faz grande diferença (para os fins deste livro) se Nelson Triunfo se colocou frontalmente contra a ditadura militar – já que seu relato se passa "no tempo do militarismo". Vale mais a maneira como seu testemunho se configura como uma possibilidade de lançar luz sobre as relações sociais de um dado período, habitado por divergências, heterogeneidades e sujeitos que, como ele, eram, em alguma medida, um antimodelo circulando nas malhas mais finas do poder, dialogando com a política pela via do cotidiano e não exclusivamente pelas instituições sociais constituídas.

Nelson Triunfo conta que uma das primeiras vezes em que sentiu de perto o peso da repressão ocorreu durante os anos 1970, quando chegou de Paulo Afonso (BA) em Brasília e foi agredido por policiais por ter comparecido a uma aula trajando pijama[28]. Como é possível aferir, o episódio se deu não por ele ser um militante, por estar ligado a um partido ou algo do tipo, e sim por assumir um estilo de vida considerado, em determinados aspectos, "desajustado".

Em outras situações, até naquilo em que se vê, a princípio, assentimento e passividade, ou indiferença política, pode-se identificar elementos de uma inserção não tão pacífica nos meandros da vida social. Efetivamente, o desacordo não precisa irromper em esferas específicas do político para ser uma forma de agir politicamente. O que diz respeito ao lazer, ao entretenimento ou aos modos de passar o tempo cotidianamente – como o uso da música, por exemplo – converte-se muitas vezes em práticas que minam qualquer possibilidade de pensar a sociedade como simétrica, como espaço do único, do homogêneo, do não conflituoso. É o que indica outra parte do depoimento de Nelson Triunfo:

> Alguns manos, depois, vieram falar que, quando eu dançava em 83, 84, na [rua] 24 de Maio, era para diversão, que eu não tinha ideia do que estava fazendo [...]. Agora, imagina, um cara chegar no centro da cidade, tomar um bocado de porrada da polícia, ir preso e, no outro dia, tá lá, dançando de novo... Eu quero saber o que que tem de

---

[27] Raphael Samuel, "Teatros de memória", *Projeto História*, São Paulo, Edusc, n. 14, fev. 1997, p. 44.
[28] Ver Andrea Dip, "O triunfo é do Nelson", *Caros Amigos*, n. 24, ed. especial *op. cit*. Não há detalhes sobre essa agressão, que pode ter sido verbal ou física. Embora as implicações de cada uma sejam distintas, essa ocorrência é indício de tensões sociais.

divertido nisso, né, cara? Certo? Eu acho que era resistência, e os caras não sabiam o que queria dizer isso, né não? Não é verdade? Era resistência...

A fala é sedutora, porém não podemos descartar que tanto o depoente quanto os demais sujeitos que com ele davam vida àquela manifestação cultural de rua estavam ali por mera diversão, porque, como se trata de um depoimento ancorado no presente, ele se encontra, ainda que inconscientemente, atrelado a um processo de conversão dos elementos do *hip hop* em práticas de resistência. Obviamente, isso não tira seu caráter político como expressão legítima de inscrição de sua presença no espaço público.

Embora muitos dos jovens envolvidos com o *hip hop* acabassem por realizar algumas ações de deliberado cunho sociopolítico, não se deve menosprezar a possibilidade de serem "resistências acidentais". Ao passar em revista parte da história de *rappers* de Campinas, em entrevista concedida à pesquisadora Rosangela Moreno, Ivo – nome fictício atribuído a um dos principais articuladores de eventos ligados ao *rap* e da Posse[29] Rima & Cia., no fim dos anos 1990 – reforça algo que corrobora com o argumento aqui exposto: "unia[mos] o útil ao agradável, só que tudo era inconsciente. A consciência nossa era vamos tocar, como todo mundo que vinha para o movimento era para dançar, para grafitar e cantar"[30].

Não é o caso, entretanto, de enxergar tudo em negativo, de reduzir toda a presença social dos sujeitos comprometidos com o *rap* à pura inconsciência. Até porque não é difícil admitir que essa manifestação cultural adquiriu um sentido

---

[29] A posse, em termos gerais, é uma "institucionalização" do *hip hop*, que constitui o espaço onde as articulações de diferentes aspectos dessa cultura acontecem. Longe de querer enquadrar essa organização num modelo rígido, é possível dizer que trata-se de um grupo de pessoas que são adeptas de um ou mais elementos do *hip hop* (*rap*, *break*, grafite) e que estão compromissadas com sua prática, difusão, reflexão. As posses (que não necessariamente dispõem de uma sede, sendo em muitos casos um vínculo identitário de uma crew, gangue ou grupo) deram coesão à prática do *hip hop*, interligando de maneira orgânica ações culturais distintas praticadas por sujeitos com traços sociais, econômicos e étnicos comuns. Acredita-se que foi a partir da posse Zulu Nation que expressões que originalmente não tinham muito em comum além de serem praticadas por negros/latinos moradores do Bronx, em Nova York, foram reconstruídas como parte de uma manifestação sociocultural mais ampla, chamada *hip hop*.

[30] Ivo, citado em Rosangela Carrilo Moreno, *As mutações da experiência militante: um estudo a partir do movimento hip hop de Campinas* (Campinas, Unicamp, 2007), dissertação de mestrado em educação, p. 59.

político que, por vezes, é insistentemente destacado por seus protagonistas[31]. Importa, aqui, pensar a dimensão política do cultural, focar as convergências entre cultura e política – na prática, faces de uma mesma moeda.

Incidir o olhar sobre as relações *rap*-sociedade torna possível o estudo de que forma certas tensões sociais se exprimem no campo da cultura e de como o Brasil foi/é percebido em termos simbólicos em parte das músicas do gênero, que dão vazão ao protesto, à insatisfação e ao desejo ante o social. Afinal, o *rap* abre espaço para a construção de representações sobre a sociedade brasileira, articulando as narrativas das dores, das visões de mundo, da violência e do racismo presentes na história contemporânea. Ele é uma importante via para adentrarmos no terreno dos conflitos, das tensões e do poder que opera desigualmente na vida social, conduzindo-nos a repensar os processos sócio-históricos no Brasil atual (que, não raro, é visto com pessimismo pelos *rappers*) e as contradições que o cercam, mesmo quando a difusão do *rap* está associada, em alguma medida, à indústria cultural (particularmente a do entretenimento) e, por isso, seja tachado de alienante.

Ao final dos capítulos que seguem, pretendo ter avançado na reflexão dessas questões. Conjugando o contexto social das últimas décadas e o *rap* que daí emerge, posso me valer do que é proclamado por um dos grupos pesquisados e que sintetiza os argumentos que serão desenvolvidos: "A aquarela do Brasil não é a do Ary Barroso..."[32]. Em outras palavras, a imagem de Brasil que ganha forma na arte produzida por muitos *rappers* não é grandiosa, a da "terra boa e gostosa", mas a de um país mergulhado na catástrofe social.

***

Na busca dos objetivos esboçados anteriormente, fiz uso de vasta documentação sobre o tema. O recolhimento desse material foi imprescindível para alguém que, até a realização desta pesquisa – embora imerso no meio musical e cultural *hardcore/punk*, que comporta alguns diálogos e umas tantas convergências com o *rap/hip hop* – não tinha maior proximidade com essa complexa cultura, salvo o conhecimento de alguns grupos ou *rappers*. Ressalte-se que o acesso às fontes aconteceu por caminhos tortuosos, uma vez que não se sabe da existência de um

---

[31] É o que ressalta o *rapper* Thaíde, de São Paulo: "há muitos tipos de *rap*, mas o *rap* de verdade tem um lado mais político", citado em Lavínia Fávero, "Hip hop é arte, é protesto, é ação", *Folha de S.Paulo*, 9 ago. 1999.

[32] Facção Central, "Memórias do apocalipse", CD *O espetáculo do Circo dos Horrores* (São Paulo, Facção Central, 2006).

centro de documentação que abrigue material do gênero. Dessa maneira, o trabalho de coleta do material primário começou pela aquisição de CDs, bem como pela reunião de cópias de CDs, LPs e fitas K-7, a partir do empréstimo de pessoas ligadas ou não ao *rap* e ao *hip hop*. O mesmo ocorreu com filmes e documentários, em parte adquiridos em locadoras que se desfaziam de seus VHS (com pouca saída, em um momento em que o suporte dominante passou a ser a mídia de DVD) e em parte incorporados ao acervo graças a cópias. Em tempos de desmaterialização dos suportes, sobretudo no caso da música, pude aproveitar a internet para recolher uma parcela dos documentos que analiso. Com buscas em blogs, sites e fóruns virtuais, apropriei-me de entrevistas, fiz *downloads* de músicas e vídeos (muitos deles amadores, sem indicação de autoria, data etc., porém significativos para pensar o *rap* e sua intensa relação com a sociedade). Afinal, minha opção metodológica – que perpassa todo este trabalho – me conduziu a uma espécie de "história vista de baixo", ao eleger os *rappers* e sua produção cultural como sujeitos privilegiados para a reflexão crítica sobre o Brasil contemporâneo[33].

Como um historiador que se lança no desconhecido, tentei acompanhar os desdobramentos do que estudava. Na medida do possível, compareci a apresentações e segui parte da movimentação de algumas pessoas vinculadas a essa expressão cultural, o que rendeu convites para acompanhar reuniões de *rappers* (como uma que juntou artistas de Uberlândia, Araguari, Cuiabá e Brasília) e o aproveitamento da generosidade de quem cedeu revistas, discos e músicas para cópias. Tornou-se viável, também, gravar em áudio ou em vídeo falas, conversas, apresentações e debates, que agora compõem o material aqui exposto e ajudam a entender um pouco desse labirinto de ações e percepções que é a prática do *rap*.

Vali-me, igualmente, de outros recursos para adensar a documentação e expandir o leque de possibilidades interpretativas. Recorri a fontes jornalísticas (consultando inclusive os acervos do jornal *Folha de S.Paulo* e da revista *Veja*, entre outros), e obtive materiais de periódicos como, além dos citados, os jornais *Jornal do Brasil, Valor Econômico, Folha do ABC, Diário da Manhã, O Estado de S. Paulo, Jornal da Tarde, O Globo* e as revistas *IstoÉ, Rap Brasil, Caros Amigos, Piauí* e *Raiz*. Realizei ainda um levantamento bibliográfico sobre o tema, acumulando informações sobre livros, artigos, monografias, dissertações e algumas teses de doutoramento.

---

[33] Historiadores da maior relevância valorizam, em contextos distintos, essa perspectiva de análise. Ver, por exemplo, E. P. Thompson, "A história vista de baixo", em *As peculiaridades dos ingleses e outros artigos* (Campinas, Editora da Unicamp, 2001), e Eric Hobsbawm, "A história de baixo para cima", em *Sobre história: ensaios* (São Paulo, Companhia das Letras, 1998). Sobre o assunto, ver nota 47 da p. 50 deste livro.

O saldo da pesquisa (embora não seja exato) me colocou frente a aproximadamente 10 mil composições do gênero, algumas dezenas de filmes e documentários relacionados ao universo em questão, cerca de quinhentos artigos/aparições/comentários extraídos de jornais e revistas, dezenas de horas de material gravado (clipes, depoimentos, apresentações) e quase uma centena de entrevistas recolhidas em meios diversos (revistas, jornais, sites, blogs, zines). De posse desse material, pude produzir este texto.

DUAS OU TRÊS PALAVRAS SOBRE O *RAP*

Em 2001, KL Jay reuniu velhos conhecidos seus para gravar um disco duplo, que foi lançado pelo selo 4P, do qual é proprietário juntamente com o *rapper* Xis. Como DJ e produtor, KL Jay seria o técnico do time, que congregou alguns dos principais nomes da história do *rap* no país: "fiz uma seleção dos caras que estão no *top* hoje e dos que o representaram no passado, que colocaram a cara pra bater, e coloquei outros que têm talento, mas não têm acesso às rádios e tal"[1]. Das músicas nele contidas, tem-se praticamente um *mix* de momentos que remetem às memórias vinculadas ao processo histórico vivenciado por esse gênero desde que começou a fazer parte da vida de brasileiros: são recortes, citações musicais, apropriações, jargões e timbres que ficaram cravados na sensibilidade dos que compartilham o gosto por essa música. Já na primeira faixa, a história e a memória emergem na poética dos *rappers* – mais precisamente, na voz de Edi Rock:

> Ei, DJ KL Jay
> Vila Mazzei, eu sei,
> É de lei, daquele jeito
> A mili ano representando,
> Envolvido, fazendo efeito
> Mil novecentos e oitenta e quatro,
> Parece que foi ontem
> Dezessete anos,
> Que a gente se conhece

---

[1] KL Jay, citado em "Todo mundo na fita", *Folha de S.Paulo*, 10 jul. 2001.

> Você faz parte da minha vida
> Assim também como o rap.[2]

Este trecho transporta o ouvinte, mesmo que rapidamente e sem mais referências, para os anos 1980. A partir de certo momento dessa década – e, dia após dia, com uma frequência cada vez maior –, o hoje *rapper* Antônio Luís Junior, que também gravou sua voz no disco produzido por KL Jay, se deslocava da Vila Arapuá até a Estação São Bento, no centro da cidade de São Paulo, um dos terminais que interligavam as linhas de metrô da capital.

O tom nostálgico impresso às memórias filtradas desse período revela que o percurso era feito com certa ansiedade e empolgação, contagiando outros jovens, que se dirigiam para o mesmo local e ali construíam suas redes de sociabilidades, valores, lazer e experimentações. Jackson Augusto Bicudo de Moraes (MC Jack), Kleber Simões (KL Jay), Richard Nogueira Lino Benício (Big Richard), Marcelo Santos (Xis) e outros mais, em muitas ocasiões, se encontraram entre as batucadas e os movimentos que os corpos desenhavam em meio às danças que os moviam: era "o pessoal do 'bleique'"[3], explicou Nelson Triunfo certa vez a Thaíde, curioso com a aglomeração de pessoas diante de seus olhos. Em outros lugares do país, mobilizações semelhantes atraíam mais jovens.

> Foi nessa época que
> Jovens oprimidos e sem opção
> Fizeram de um movimento
> Sua expressão.[4]

Essa movimentação social culminou na apropriação de gestos e linguagens próprios desses sujeitos, isto é,

> o *rap*, que é o resultado da reunião de duas palavras: *rhythm and poetry* (ritmo e poesia). Trata-se de um "canto falado", cuja base musical é tirada do manuseio de duas *pick--ups*, comandadas pelo DJ, que incrementa sua apresentação com a introdução de

---

[2] KL Jay, "Edi Rock, Rota de Colisão, Possemente Zulu & Xis", CD *Equilíbrio (a busca) – KL Jay na batida, v. 3* (São Paulo, 4P, 2001).

[3] Lulie Macedo, "Memória de Thaíde se confunde com história do *rap*", *Folha de S.Paulo*, 14 dez. 2004.

[4] Thaíde e DJ Hum, "*Soul* do *hip hop*", LP *Brava gente* (São Paulo, 1994, independente).

efeitos sonoros denominados *scracht, back to back, quick cutting* e mixagens. A outra personagem na realização do *rap* é o MC, que é a pessoa que "fala" ou canta a poesia.[5]

A despeito da bibliografia sobre o tema ser relativamente extensa, o tipo de música em questão não tem uma genealogia precisa, pois foi produto de uma prática cultural que se constituiu (ao menos inicialmente) à margem de esquemas formais de regulação e documentação da cultura. É extremamente difícil refazer a trajetória de formação de uma linguagem[6] que mobiliza grupos sociais distintos e dialoga com elementos culturais díspares, que são equalizados e transformados em contextos bem peculiares.

No entanto, alguns autores se dedicaram ao estudo das origens do *rap*[7], que revelam uma história ligada à dos *griots*, os sujeitos responsáveis pela difusão de narrativas orais pelas quais propagam e perpetuam as histórias e tradições de grupos de pessoas de regiões específicas da África. Uns tantos pesquisadores, preocupados em estabelecer uma origem remota que explique a prática do *rap*, têm-se lançado por esse caminho, buscando sua ancestralidade. Apesar do esforço em preencher lacunas históricas, permanecem algumas zonas cinzentas, difíceis de serem enfrentadas[8]. Ainda que se possa questionar, aqui e ali, esse ou aquele elemento dessa ou

---

[5] João Batista de Jesus Felix, *Hip hop: cultura e política no contexto paulistano*, cit., p. 62.

[6] Uso o termo "linguagem" atento às questões apresentadas por Williams, segundo o qual ela não expressa simplesmente o real, mas é uma dimensão do próprio vivido, não sendo nem anterior nem posterior à experiência. Cf. Raymond Williams, *Marxismo e literatura* (Rio de Janeiro, Zahar, 1979).

[7] Para um balanço a respeito dos primórdios do *rap*, ver Edmilson Souza Anastácio, *Periferia é sempre periferia?* (Uberlândia, Universidade Federal de Uberlândia, 2005), dissertação de mestrado em história; e José Carlos Gomes da Silva, *Rap na cidade de São Paulo* (Campinas, Unicamp, 1998), tese de doutorado em antropologia.

[8] O objetivo deste capítulo não é problematizar as concepções construídas no intuito de identificar uma origem para o *rap*, mas focar processos que envolveram transformações, incorporações e apropriações. Registre-se, no entanto, que é pertinente questionar as ideias que elegeram mitos de origem para essa prática cultural ou promoveram ênfases em certos aspectos, mais ainda se atentarmos para as considerações acerca do termo "origem" propostas por Michel Foucault em *A verdade e as formas jurídicas* (Rio de Janeiro, Nau, 2002) e sobre enquadramento da memória formuladas por Michael Pollak no artigo "Memória e identidade social", *Estudos Históricos*, Rio de Janeiro, CPDoc, v. 5, n. 10, 1992, e Marcos Napolitano e Maria Clara Wasserman, "Desde que o samba é samba: a questão das origens no debate historiográfico sobre a música popular brasileira", *Revista Brasileira de História*, São Paulo, v. 20, n. 39, 2000. Como empreendimentos bem-sucedidos no questionamento de leituras "definitivas" de determinados processos/momentos históricos, ver Adalberto Paranhos, *O roubo da fala: as origens da ideologia do trabalhismo no Brasil*

daquela versão histórica, despontam com certa constância construções variadas sobre o percurso do *rap*, algumas delas amplamente aceitas entre os acadêmicos.

Assim, diz-se que o *rap* despontou primeiramente nos Estados Unidos, guardando relação direta com a presença de imigrantes negros e latinos nesse país, em meados dos anos 1970. Destaca-se a chegada dos jamaicanos entre 1960-1970 – ao fugirem, em vão, da crise econômica e social que acometeu a ilha –, carregando na bagagem elementos culturais e práticas que já lhe eram comuns com influências de matrizes africanas, das quais descendiam, como oralidade, modos de se comportar e tipos específicos de música. Nesse contexto, durante as transformações do cenário urbano estadunidense e dos efeitos da crise de desindustrialização[9] que afetaram drasticamente a vida das pessoas – em especial os pobres –, jovens "marginalizados" introduziram na urbe práticas inovadoras. Na esteira disso surgiram os costumes musicais conhecidos por *sound systems*, conectados ao canto-falado e que já eram desenvolvidos na Jamaica, inspirando novas formas de sociabilidade em solo estadunidense:

> Enquanto acontecia a febre das discotecas, nas ruas do Bronx, o gueto negro/caribenho localizado na parte norte da cidade de Nova York, fora da ilha de Manhattan, já estava sendo arquitetada a próxima reação da "autenticidade" *black*. No final dos anos 1960, um *disc-jockey* chamado Kool-Herc trouxe da Jamaica para o Bronx a técnica dos famosos *sound systems* de Kingston, organizando festas nas praças do bairro.[10]

Os *sound systems*, uma espécie de sistema de som móvel, proporcionaram a realização de encontros em espaços abertos, como ruas e praças, e com música mecânica (reprodução de discos). Os DJs, entretanto, não se limitavam a tocar os discos; ao contrário, faziam uso criativo dos aparelhos de que dispunham, mixando, improvisando, experimentando e, com isso, construindo novas músicas. Essa prática se tornou comum pela ação de agentes históricos envolvidos no processo, bem como pela conjuntura em que se deu, por permitir o acesso, mesmo que precário, a certas tecnologias.

(2. ed. São Paulo, Boitempo, 2007), e Carlos Alberto Vesentini, *A teia do fato: uma proposta de estudo sobre a memória histórica* (São Paulo, Hucitec, 1997).

[9] Ver Tricia Rose, "Um estilo que ninguém segura: política, estilo e a cidade pós-industrial no *hip hop*", em Micael Herschmann (org.), *Abalando os anos 90: funk e hip hop* (Rio de Janeiro, Rocco, 1997).

[10] Hermano Vianna, *O mundo funk carioca* (Rio de Janeiro, Zahar, 1988), p. 20.

Naquelas circunstâncias, entre uma canção e outra, aconteciam intervenções de um locutor, fosse para dar notícias, pedir algo, fazer propaganda, comentar algum assunto que poderia ser de interesse coletivo ou para tentar animar o público. Outros valores, práticas e costumes iam temperando essa mistura que, mais tarde, desembocou no *rap*. Daí que foi a reconfiguração constante de elementos e objetos culturais de diferentes temporalidades e contextos em sua produção que conformou a característica central do *rap*, de suas primeiras experiências até os dias atuais. Essa característica plágio-recombinante é um modo de fazer de um momento em que

> a transição da tecnologia de recursos analógicos para digitais, entre o fim dos anos 1970 e o início dos 1980, [desencadeia] uma substituição rápida e sistemática de toca-discos e LPs por leitores digitais de CDs. Dispondo dos novos equipamentos, as pessoas mais abastadas simplesmente punham nas ruas os aparelhos "sucateados" e seus discos "velhos". Pois os jovens desempregados passaram a recolher essa "tralha" e a reconfigurar seu uso. De equipamentos destinados a reproduzir sons previamente gravados, eles os transformaram em instrumentos capazes de gerar sonoridades novas e originais.[11]

Num momento de crise social e política – e, concomitantemente, de avanço tecnológico –, jovens residentes nos bairros pobres de Nova York se apropriaram de elementos da indústria cultural, de objetos descartados como obsoletos no mundo do progresso da mercadoria e criaram uma prática cultural nova (logo transformada em mercadoria, evidentemente). O *rap* (que passaria a ser pensado como um componente da cultura *hip hop* e que congrega DJs e MCs) nasceria, portanto, com os DJs que começaram a discotecar em festas públicas nova-iorquinas e que, ao desempenharem esse papel ante os toca-discos, ou emitiam ao mesmo tempo mensagens ao público ou abriam espaço para que outros o fizessem.

Nesse período, convém frisar, não havia uma separação rígida entre o DJ, que é responsável pelo som, e o MC (mestre de cerimônias), que se coloca à frente do microfone, aquele que fala/canta por sobre a base rítmica. Essa distinção foi aparecendo aos poucos na medida em que os DJs aprimoravam-se e passavam a se dedicar com exclusividade à dimensão sonora e os MCs, como personagens distintos, foram-se encarregando do uso dos microfones e da emissão das mensagens.

Cabe salientar, ainda, que aquelas festas não eram eventos de *rap* (ou de *hip hop*), mas "eventuais encontros que reuniam uma massa heterogênea e que comportavam não só as populações pobres, marginalizadas e oriundas das periferias, mas também

---

[11] Nicolau Sevcenko, *A corrida para o século XXI* (São Paulo, Companhia das Letras, 2001), p. 116.

outros grupos que passaram a se identificar com esse meio de entretenimento"[12]. Eram espaços que proporcionavam experimentações e deles saíram práticas emergentes como o *rap*, que, em resumo, "trata-se de uma forma que combina tradições orais afro-americanas com sofisticadas modalidades tecnológicas de reprodução do som"[13].

É um tanto óbvio afirmar que o *rap*, tal como qualquer fenômeno cultural, não surgiu pronto e acabado. Mais: que não constitui atualmente uma prática cristalizada. O *rap* é o resultado de múltiplas experimentações culturais que, em meio a processos de incorporação e apropriação (no caso, de traços da cultura jamaicana, afro-americana e latino-americana, bem como de estilos tão variados como *funk, jazz, soul, reggae, dub* etc.), desembocaram em uma música nova, desenvolvida organicamente em clubes e festas, em atenção aos anseios de parcelas específicas da população.

Esse momento, eleito como aquele em que o *rap* aparece[14], é bastante nebuloso, porque, até então, limitava-se a uma prática confinada a seus locais e sujeitos de produção, o que dificulta a clara identificação de percursos e o trabalho de captar detalhes do caminho por ele trilhado. Foi na época em que se gravaram os primeiros *raps*, no fim da década de 1970 e nos anos 1980, que essa linguagem pôde circular de modo mais amplo em rádios e outras mídias. Alcançando várias partes do mundo em consequência dos suportes físicos (discos, fitas e imagens), o *rap* foi se tornando, aos poucos, mais inteligível como prática emergente e com dimensão social relativamente diferente da que havia assumido em momentos anteriores. A partir das primeiras gravações, começou a se consolidar uma poética *rap*, uma novidade estética que, em determinado sentido, estruturou a criação musical em diversos lugares do planeta e orientou produções e comportamentos. Ao me referir a esse fenômeno, não quero sugerir, no entanto, que ele tenha se imposto como

---

[12] João Rodrigo Xavier Pires, *Da Tropicália ao hip hop: contracultura, repressão e alguns diálogos possíveis* (Rio de Janeiro, PUC-RJ, 2007), trabalho de conclusão de curso em história, p. 19.

[13] Douglas Kellner, *A cultura da mídia* (Bauru, Edusc, 2001), p. 232.

[14] Marshall Berman forneceu seu testemunho particular sobre a década de 1970, sintonizando-a com a produção musical emergente: "Nesse ínterim, o sul do Bronx, em seu momento de maior miséria e angústia, gerou uma cultura de massa chamada *hip hop*, que está hoje presente no mundo inteiro. Ninguém nos anos 1970 imaginaria que um fenômeno do gênero fosse viável. [...] O Bronx, acima de tudo, converteu-se num espaço mais culturalmente criativo do que nunca. Em meio à sua própria morte, ele renasceu. [...] No final da década, o *rap* se espalhava por todos os lugares com sua nova linguagem", Marshall Berman, "Nova York chamando", *ArtCultura*, Uberlândia, v. 11, n. 18, jan.-jun. 2009, p. 130 e 131, disponível em: <artcultura.inhis.ufu.br>.

modelo inflexível, um esquema rígido que conformou toda a prática subsequente. Tratava-se, antes, de uma referência, de uma maneira de fazer compartilhada, escolhida por pessoas que acreditavam integrar esse universo comum de práticas sociais e culturais.

O *rap*, depois de sua explosão em discos e videoclipes e de sua presença na trilha sonora de filmes, adquiriu visibilidade, construindo formas de identidade e experiências novas. Evidentemente, não afetou a todos do mesmo jeito, ainda que se reconheça o papel decisivo dos artefatos midiáticos em sua trajetória cultural. E também não seduziu por completo, com sua linguagem inovadora, os sujeitos que se identificaram com ele. As pessoas se viam, se reconheciam e se identificavam com o *rap* a partir de caminhos tortuosos, parciais, fragmentados, plurais[15]. Indício disso, por exemplo, é o *rapper* Mano Brown, que afirma que o grupo estadunidense Public Enemy o influenciou mais pela postura que assumia do que pela música em si[16].

É claro que houve uma influência musical, como mostram outras fontes e a própria audição do que foi produzido por ambos os grupos[17]. Acontece que essas novas práticas se difundiram por meios variados, a maioria delas relacionada à indústria cultural (ainda que umas mais, outras menos), e de forma difusa e descontínua. Sua apropriação foi igualmente difusa e descontínua. Embora vários artistas apontem como fonte de contato os filmes[18], que incorporavam ou até

---

[15] Ver, como referências adicionais, os depoimentos de Marcelo Augusto Carelli Preto (o Porcão), de Thiago Tadeu Custódio dos Santos, Paulo César Gomes (Paulo Preto) e Gildian Silva Pereira (o Panikinho), coletados no evento Harmônicas Batalhas, promovido pelo Instituto Voz, no Tendal da Lapa, São Paulo, 26 jul. 2008, disponível em: <museudapessoa.net>.

[16] Ver conversa de Mano Brown com os músicos do Sampa Crew sobre o cenário musical dos anos 1970 e 1980, o surgimento do *break* e do *rap* e os espaços que os envolvidos com essas práticas ocupavam na cidade, em Sampa Crew, DVD *21 anos de balada* (Brasil, Unimar Music, 2007).

[17] Comparar, por exemplo, a canção "Black Steel in the Hour of chaos", de Public Enemy, no LP *It Takes a Nation of Millions to Hold Us Back* (Nova York, Def Jam/Columbia, 1988), com a "Rapaz comum", dos Racionais MC's, CD *Sobrevivendo no inferno* (São Paulo, Cosa Nostra, 1997), para perceber que a influência se processou em vários aspectos (os quais são escalonados em importância pelos *rappers*).

[18] Ver *Beat Street* (dir. Stan Lathan, Estados Unidos, Orion Pictures, 1984); *Breaking* (dir. Joel Silberg, Estados Unidos, Golan-Globus Productions, 1984); *Wild Style* (dir. Charlie Ahearn, Estados Unidos, First Run Features, 1983); *Faça a coisa certa* (dir. Spike Lee, Estados Unidos, 40 Acres & A Mule Filmworks, 1989), cuja trilha sonora inclui *raps*; *Cidade sangrenta* (dir. Rick Rubin, Estados Unidos, New Line, 1988), que, além de *raps*, incorpora na trama shows do gênero e apresenta como atores os *rappers* do Run DMC; e *Colors* (dir. Dennis Hopper, Estados Unidos, Orion Pictures, 1987).

mesmo detinham elementos centrais na trama do *rap* ou similares, ou como um canal de comunicação com um público mais abrangente, os aspectos sublinhados nem sempre são os mesmos.

Nada há de estranho na constatação de que uma mesma fonte possa suprir demandas diferenciadas, como sugerem alguns relatos. É o caso do grafiteiro e *b. boy* Guerreiro e do *rapper* Washington Gabriel. Ao rememorar suas experiências de fins dos anos 1980 e início dos 1990, no Recife, Guerreiro diz:

> Eu nunca aprendi técnica de ninguém, não, eu sempre pegava vídeo mesmo, gostava mais de pegar pelo vídeo, não gosto de pegar assim passo a passo, não [...]. A gente antes era só fita, cinema, fita de vídeo na SMS[19], aí na Madalena tinha muitas, eram filmes, só que no filme sempre tinha algum trechozinho, aí daquele trecho a gente pegava e voltava.[20]

Nota-se que o dançarino buscava no vídeo passos para incorporar às suas coreografias, convertendo-se num mediador para a apropriação e o desenvolvimento de sua prática de dança. Washington, por sua vez, se prende mais aos aspectos musicais:

> Eu assisti *Colors* [...], o *rap* sempre como pano de fundo [...]. Eu assisti no cinema, era legendado, então eu tive a oportunidade de saber o que os caras estavam cantando na letra; pela primeira vez, eu entendi e gostava muito da letra; e ali fiquei doido, a música falava que as cores determinavam a violência da cidade [...]. Ele começava a falar de uma forma tão poética do caos que eu fiquei fascinado com aquilo ali.[21]

Seja como for, para este estudo importa menos o processo de surgimento do *rap* e mais o que se liga ao que ele é (ainda que em dado momento, em suas variantes, conflitos e tensões) e a sua difusão. O que me chama a atenção é o modo como o *rap* modificou o cotidiano de jovens brasileiros, que passaram a se interessar por essa linguagem e a dialogar com ela. Eles a aprenderam fora de seu processo de formação, compreendendo-o apenas posteriormente, depois de assimilá-las às próprias experiências. Por isso, refletir sobre o *rap* com ênfase nos mitos de origem

---

[19] Pelo contexto da fala, SMS seria o nome de uma locadora de vídeos.

[20] Depoimento de Guerreiro em Silvia Gonçalves Paes Barreto, *Hip hop na região metropolitana do Recife* (Recife, Universidade Federal de Pernambuco, 2004), dissertação de mestrado em sociologia, p. 26.

[21] Depoimento do rapper Washington Gabriel, de Teresina, em Antonio Leandro da Silva, *Música rap: narrativa dos jovens da periferia de Teresina* (São Paulo, PUC-SP, 2006), dissertação de mestrado em ciências sociais, p. 163.

pode não responder a algumas questões, que devem ser pensadas no movimento incessante de apropriações, incorporações e recombinações de práticas culturais.

Esse movimento perpassou o consumo cultural de formas diversas. Corroborando com os aspectos pouco coesos assumidos pelo *rap* e pelo *hip hop* ao se difundirem no mercado cultural e do entretenimento, registro outro vestígio, desta vez retirado da seção de anúncios da revista *Veja*, em 1987:

PARA DANÇAR

CAIS, Praça Roosevelt, 134S, tel. 258-9465. De quinta a sábado, a partir das 23h. Anda bem agitada a casa inaugurada pelo fotógrafo Kikito, que reúne a rapaziada paulistana – do pano preto à gravatinha borboleta colorida. Som para dançar a noite inteira, ao ritmo do melhor do *hip hop* [...], *punk-rocks* e *rockabilly*. Entrada: Cz$ 130,00 por pessoa.[22]

Temos aí um indício da amplitude que práticas culturais inicialmente estranhas a um público mais amplo começaram a adquirir – o *hip hop*, na época dessa publicidade, já era utilizado como atrativo em casas noturnas. Estava atrelado à cadeia produtiva do entretenimento, "merecendo" até investimentos de grandes empresas. É difícil tirar grandes conclusões dessas fontes, por não revelarem exatamente o que o uso do termo *hip hop* designa nos referidos eventos, mas ao menos sugerem negociações e apropriações em torno de tal prática, ainda que ela seja apresentada de modo genérico. Contudo, o contato com esses objetos culturais, ao menos para alguns sujeitos, não instituía apenas uma relação de consumo e entretenimento passivo. Incorporado ao cotidiano das pessoas, o *hip hop* era trabalhado pelo uso criativo e processado por assimilações como material fruído dentro de um modo de vida em transformação:

a gente chegou no "estilo colors", do filme *Colors: as cores da violência*, saca? Calça preta, tênis branco, com lenço na cabeça estilo mexicano e as camisas quadriculadas. [...] Aí saia aquela gangue pelo meio da rua, tudo olhando assim, chegava se espantava.[23]

Foi em ocasiões de lazer como aquelas a que se atribui o seu surgimento, momentos em que jovens se encontravam para atividades variadas, que o *rap* (e o *hip*

---

[22] Cf. *Veja*, n. 970, abr. 1987, p. 51. Ver também "Mr. Lee, Snap! e Ineer City tocam na Dance Music Fest", *Folha de S.Paulo*, 29 nov. 1990.

[23] Depoimento de Guerreiro em Silvia Gonçalves Paes Barreto, *Hip hop na região metropolitana do Recife*, cit., p. 17.

hop em geral) teve sua história ampliada, graças a adeptos brasileiros que passaram a se dedicar a essa arte. As práticas isoladas de canto, dança e consumo/fruição cultural que possibilitaram a construção de uma identidade *hip hop* apareceram não apenas (ou primeiramente) em São Paulo, como se costuma pensar, mas quase que simultaneamente em várias cidades do país; não de maneira idêntica, porém, similar[24].

Além dos filmes, das festas e de outros agentes mediadores, o comércio de música gravada também contribuiu para essa dispersão cultural, como é possível notar no relato do *rapper* carioca Gustavo, conhecido no cenário *hip hop* como Black Alien:

> Eu sou um fã do *hip hop* pelo seguinte: meu pai trouxe uns discos para mim quando ele viajou. [...] entre os discos estava o *Planet Rock*, que é um disco do Afrika Bambaataa seminal [...]. Depois, em 1986, foi lançado um disco do Beastie Boys [...] e um outro no mesmo ano chamado *Raising in Hell*, do Run DMC. [...] E foi nesse ano que eu realmente entendi o que era *rap*, que era um negócio forte.[25]

Com os produtos culturais em circulação no mercado, certas práticas foram sendo difundidas por meio de discos, bailes, programas de televisão, filmes e revistas. Nesse passo, a linguagem do *rap* foi sendo consumida e incorporada por novos sujeitos, em novos contextos. Nas reuniões para se ouvir os discos dos artistas preferidos, na tentativa de cantar suas músicas e no ensaio despretensioso das primeiras rimas está o germe de um processo que consolidou um novo jeito de parte da população brasileira se expressar: "A gente não imaginava que seria

---

[24] Ver trabalhos que tratam o *hip hop* e o seu desenvolvimento em localidades específicas, como o de Antonio Leandro da Silva, *Música rap*, cit., e o de Rafael Guarato, *Dança de rua: corpos para além do movimento* (Uberlândia, Edufu, 2008). Ver ainda entrevista com DJ Raffa, *RapNacional*, 20 dez. 2000, disponível em: <rapnacional.com.br>, na qual afirma (e, pelos marcos temporais que defende, sustenta o argumento aqui exposto) que "em 1982 eu dançava *break* nas ruas do DF e foi assim que comecei no movimento *hip hop*. No ano de 1984 já fazia pequenas montagens, para que os grupos de *break* pudessem se apresentar. Em 1986 montei a equipe de som Enigma e paralelamente comecei a trabalhar como DJ [...]. Em 1989 [...] meu grupo lança o primeiro disco de *rap* do DF, intitulado *A ousadia do rap de Brasília*". Não é o caso de defender que já se praticava conscientemente o *hip hop*, mas que em vários locais havia uma sensibilidade que propiciou que o surgimento da ideia do *hip hop* como prática articulada e orgânica, capaz de congregar vários elementos socioculturais pudesse se difundir – e, também, que as práticas anteriores fossem reelaboradas na memória como sendo ligadas a esse universo cultural.

[25] Gustavo Black Alien, "Mister Niterói", em Santuza Cambraia Naves, Frederico Oliveira Coelho e Tatiana Bacal (orgs.), *A MPB em discussão: entrevistas* (Belo Horizonte, Editora UFMG, 2005), p. 344.

capaz de fazer *rap*. A gente fazia rimas batucando nas latas de lixo"[26], lembra MC Jack, enquanto rememora os encontros na Estação São Bento. A trajetória informal (ou não premeditada em sua totalidade) dos princípios da prática do *rap* no Brasil está estampada em vasta documentação, e momentos dessa história são também recordados por Thaíde em algumas de suas composições, como é o caso de "Verdadeira história":

> Um começo inesperável
> Batendo em latas de lixo
> E hoje estamos aqui
> (Nos orgulhamos disso)
> A responsabilidade é nossa
> E a alegria é sua
> DJs, MCs e dançarinos de rua
> A cada dia que passa
> Aumenta nossa família
> Nos transmitindo assim
> Novas energias
> [...]
> Anos oitenta
> A grande surpresa do século
> A música renascendo
> De um jeito bem sincero.[27]

***

No Brasil, esse tipo de música chegou em meados dos anos 1980, como destacado tanto na composição de Thaíde e nos depoimentos quanto no anúncio da *Veja* e em muitas outras fontes. Mas a sensibilidade que proporcionou a sua acolhida começou a ser gestada um pouco antes, quando alguns *raps* pioneiros atingiram – talvez de forma pouco perceptível – os ouvidos de gente da periferia. Isso aconteceu com os bailes promovidos por equipes de som, que atuaram em distintos lugares das cidades, de forma a instituir espaços nos quais os jovens buscavam diversão em seu tempo livre, ocupando-o com dança e música.

Pelas características agregadas – os frequentadores e sua postura, as músicas veiculadas, alguns sentimentos compartilhados –, essas festas passaram a ser

---

[26] "Pioneiro do *hip hop*, MC Jack volta com *Meu lugar*", *Folha de S.Paulo*, 5 out. 2001.
[27] Thaíde e DJ Hum, "Verdadeira história", LP *Brava gente*, cit.

chamadas de "bailes *black*"[28]. Tratava-se de um espaço múltiplo, que congregava diferentes setores da juventude urbana – majoritariamente negra – que se deslocavam para esses locais a fim de dançar, encontrar pessoas, se divertir, conversar, namorar, brigar... Musicalmente, predominavam a música negra estadunidense e a produção brasileira de Tim Maia, Jorge Ben, Toni Tornado, Cassiano, Gerson King Combo, Miguel de Deus (em seu LP *Black Soul Brothers*, de 1977, figura a música "Mister Funk", parceria com Nelson Triunfo) e outros[29], de cujas composições eram extraídos fragmentos e frases musicais que proporcionaram a feitura de inúmeros *raps*.

Eram, em larga medida, canções com fortes marcações rítmicas e acentuadamente dançantes, o que levou o público a elaborar uma designação própria: optou por chamá-las de "balanço". Essa denominação genérica abrigava os gêneros *soul*, *funk* e *rap*, que eram considerados bons para a dança. Muitas canções, sobretudo as novidades vindas dos Estados Unidos, eram desconhecidas do público. Até aí, nada demais: o sucesso dos bailes estava, em parte, no repertório inédito que aportava no país por meio de importadores, resultando na execução pioneira de estilos que viriam a se tornar mais massivos. Ainda que tardia em relação aos bailes dos anos 1970 e inícios dos 1980, uma fala de KL Jay ilumina a compreensão dessas importantes experiências, de início mal digeridas:

> a primeira música que eu tive contato, assim, com o *rap* mesmo, porra, é difícil porque na época [em] que eu ia nas festas já existia *rap*. É... eu ouvia "The Message" do Grandmaster Flash e não sabia que era *rap*.[30]

Destacou-se nesse ambiente uma derivação do *funk*, o *Miami bass*, que tocou, sensibilizou e conquistou os frequentadores dos bailes, principalmente os mais novos. Era uma forma musical "marcada pela acentuação nos graves da bateria e [ligada] aos temas mais prosaicos e corriqueiros"[31]. Diluído nesse caldeirão que era o balanço, estava o *rap*, que, por conta da similaridade musical, não era diferenciado do *Miami bass*.

---

[28] Ver, a respeito, Hermano Vianna, cit., João Batista de Jesus Felix, *Chic Show e Zimbabwe e a construção da identidade nos bailes black* (São Paulo, Universidade de São Paulo, 2000), dissertação de mestrado em antropologia social.

[29] Nos anos 1970, a banda Black Rio tornou-se referência marcante. Ver José Roberto Zan, "*Funk, soul e jazz na terra do samba*", *ArtCultura*, Uberlândia, v.7, n. 11, jul.-dez. 2005.

[30] Em programa exibido pelo canal MTV Brasil em 1999, com apresentação de Xis e KL Jay.

[31] Edmilson Souza Anastácio, *Periferia é sempre periferia?*, cit., p. 142.

Assim, o *rap* chegava ao público também pelos bailes *black*, nos quais o forte eram canções *funk* e *soul*. Por ser um estilo musical que se utilizava de fragmentos e texturas sonoras de outras composições, às vezes já conhecidas pelo público, e pela sua semelhança com o *Miami bass*, era chamado, ironicamente, de "*funk* falado" ou "tagarela". Embora o idioma fosse o inglês, aquelas músicas eram compreendidas em parte a partir dos videoclipes exibidos nas festas, que estabeleciam, com base no discurso imagético, um vínculo de identidade capaz de sintonizar parte do público e aquela produção cultural:

> A Chic Show [equipe que realizava bailes dançantes com música *funk* e *soul*, sobretudo] passou a exibir, algumas vezes, junto com a música, os *clips* de divulgação. Vendo as imagens transmitidas por esses vídeos as pessoas passaram a perceber que quase todas as músicas dos "tagarelas" falavam de negros (tanto pobres como ricos), de violência policial, de discriminação racial, de preconceito racial e de racismo; temas muito conhecidos por eles. Quando não apareciam temas semelhantes, chamava a atenção o fato de que as personagens dos *clips* eram sempre negras.[32]

Os bailes constituíram espaços fundamentais na difusão do *rap* no Brasil. Sem falar de outros espaços socioculturais, como sugerem os documentos, era neles que uma porção de jovens se deu conta da existência dessa música e se interessou em conhecê-la. Esse ambiente está na memória daqueles que vivenciaram a cena *rap* durante os anos 1980. Mais uma vez, recorro a uma composição de Thaíde, especificamente a "Senhor tempo bom"[33], na qual faz referência ao período:

---

[32] João Batista de Jesus Felix, *Hip hop: cultura e política no contexto paulistano*, cit., p. 71-2.

[33] Tanto no plano discursivo quanto sonoro, a música traz claramente uma característica muito comum no universo *rap*: a intertextualidade. A escuta acurada da canção revela citações de frases, timbres e melodias que estão em diálogo e constroem seu sentido geral. Letra e música não estão dissociadas, o que demonstra a importância da atitude metodológica de se pensar as composições em sua totalidade musical (atento a timbres, *samples*, citações, ruídos, coros, suportes, performances etc.), ainda que isso não seja aparente no resultado final do trabalho. Sobre a importância de o pesquisador da canção popular trabalhar com o material sonoro (pesquisando a musicalidade, e não apenas as letras presentes em encartes, revistas especializadas ou outros meios, mesmo quando seus interesses gravitem nos aspectos mais relacionados à letra), ver João Pinto Furtado, "A música popular no ensino de história", em Francisco Carlos T. Silva (org.), *História e imagem* (Rio de Janeiro, UFRJ/Proin-Capes, 1998), em que o autor ressalta que a música "não pode jamais ser tomada ao pé da letra" (p. 182), e Adalberto Paranhos, "Vozes dissonantes sob um regime de ordem-unida", *ArtCultura*, Uberlândia, v. 4, n. 4, jun. 2002, que, querendo mostrar como um aspecto musical pode mudar o sentido letra, afirma que "não basta nos atermos às letras das músicas. [Antes,] é indispensável nos darmos conta de que elas não têm existência autônoma na criação musical" (p. 92).

> Antigamente o samba-rock, *black power*, *soul*,
> Assim como o *hip hop* era o nosso som
> A transa negra que rolava as bolachas,
> A curtição do pedaço era o La Croachia,
> Eu era pequeno e já filmava o movimento ao meu redor,
> Coreografias, sabia de cor
> [...]
> Me lembro muito bem do som e o passinho marcado
> Eram mostrados por quem entende do assunto,
> E lá estavam Nino Brown e Nelson Triunfo,
> Juntamente com a Funk Cia., que maravilha
> [...]
> Calça boca de sino, cabelo *black* da hora,
> Sapato era mocassin ou salto plataforma
> Gerson "Quincombo" mandava mensagens aos seus,
> Toni Bizarro dizia com razão, "vai com Deus"
> Tim Maia falava que só queria chocolate,
> Toni Tornado respondia: "podê crê",
> Lady Zu avisava, a noite vai chegar,
> E com Totó inventou o samba-*soul*,
> Jorge Ben entregava com Cosa Nostra,
> E ainda tinha o toque dos Originais,
> Falador passa mal rapaz,
> Saudosa maloca, maloca querida,
> Faz parte dos dias tristes e felizes de nossa vida
> Grandes festas no Palmeiras com a Chic Show,
> Zimbabwe e Black Mad eram Company Soul,
> Anos oitenta comecei
> A frequentar alguns bailes,
> Ouvia comentários de lugares[34]

As relações desses espaços com o *rap* aparecem igualmente em outros relatos. Parte significativa dos primeiros *rappers* brasileiros frequentou tais lugares, e estes deram uma significativa contribuição ao envolvimento desses agentes sociais com a produção cultural que serviu de substrato para o *rap* no país. Nos bailes,

---

[34] Thaíde e DJ Hum, "Senhor tempo bom", CD *Preste atenção* (São Paulo, Eldorado, 1996). Para uma referência adicional sobre representações musicais acerca dos bailes (o clima, os acontecimentos, os sentimentos que alimentaram), recorrer à audição da canção de Discriminados, "Smurphies é cruel", CD *Se não vai com a minha cara...* (Samambaia, s/d, independente).

conheceram pessoas, descobriram afinidades, fizeram circular informações sobre dança e música e tiveram a oportunidade de ouvir artistas que se converteriam, de algum modo, em referência. Em entrevista concedida a João de Barros para o site da revista *Caros Amigos*, o *rapper* Rappin Hood faz menção a esses tempos:

Você chegou a ir ao Palmeiras?

Fui em muitos bailes da Chic Show, vi Boogie Down Productions, que é uma banda célebre do *hip hop*.

James Brown esteve lá, né?

Por incrível que pareça, não vi o James Brown, era muito novo, não tinha dinheiro e meu pai não me deixou ir, mas vi uns legais: Too Short, um *rapper* da velha escola, o Zapp, que é uma banda de funk... Vi Billy Paul, Chaka Khan, Tim Maia, Jorge Ben e Sandra Sá. Eu curtia todos os bailes da Chic Show, o Clube da Cidade, Neon Clube, Ponto de Encontro, Cris Disco Club da Vila Ré, Projeto Leste, Diamante da Lapa...[35]

Mas as canções que os *rappers* brasileiros criaram não eram um decalque do que ouviam nos discos, filmes e bailes. Até porque, com o passar do tempo, houve uma transformação do que seria entendido como *rap*: um tipo de música fundamentalmente falada[36], com fortes elementos percussivos e abordagem temática crua e realista. O *rap* envolveu um processo de construção, e o que se consolidou como tal sequer pôde circular livremente por vários ambientes, não sendo executado sem que se fizesse necessária pressão dos seus adeptos[37].

---

[35] Rappin Hood, em entrevista a *Caros Amigos*, disponível em: <carosamigos.terra.com.br>.

[36] Douglas Kellner chega a afirmar que "o *rap* é um modo de falar, e não de cantar", em *A cultura da mídia*, cit., p. 231. Nas fontes consultadas, essa "leitura" do *rap* é recorrente: "Pouco depois, às 19h, é a vez do *rap*, gênero musical típico dos negros americanos em que a letra da canção é falada e não cantada", "Som preto e branco", *Jornal do Brasil*, 11 jun. 1988.

[37] O *rapper* Gil Custódio, de Recife, revela faces de problemas enfrentados por ele onde aconteciam os bailes: "o *rap* tocava somente meia hora, uma hora, e o pessoal esperava só aquele momento ali [...] depois, ia embora". Washington Gabriel oferece relatos no mesmo sentido: "só tem uma coisa que eu reclamo daquela época: é que a gente tinha que ouvir *dance* a noite inteira; 30% do público queria ouvir *rap*, mas os caras [os gestores das festas] não reconheciam, tinham medo de colocar". Cf. depoimentos ao pesquisador Antonio Leandro da Silva, *Música rap*, cit., p. 140 e 141.

***

O *rap* no Brasil adquiriu aos poucos um estatuto cultural "autônomo", conforme os envolvidos iam construindo significados e empenhando-se na defesa de determinados sentidos para a prática, ao passo que alguns modos de pensar e fazer se tornaram hegemônicos (o que não quer dizer, necessariamente, que durante esse processo os agentes estiveram totalmente conscientes da dimensão dos acontecimentos). Especialmente nos anos 1990, essas transformações se agudizaram, evidenciando inclusive rupturas que se mostravam cada vez mais claras. Não havia mais espaço para confusões entre *rap* e *funk*, tomados quase como sinônimos[38], ainda mais porque aqueles que aderiram ao *rap* começaram a se colocar numa relação por contraste: o que o *rapper* é, o *funkeiro* não é, e vice-versa.

Mesmo que as representações originadas de ambos os lados sugiram uma opinião crítica em relação à vida social, o que emerge dessa divisão desatou discussões e pontos de vista conflitantes: o *funk* brasileiro, que usou bases musicais essencialmente referenciadas no *Miami bass*, se apoiou em letras bem humoradas e irônicas, e, em certas leituras, foi tachado de alienado. Por outro lado, a fonte de inspiração dos *rappers* eram seus similares em Nova York e Los Angeles, e suas letras, concebidas como engajadas, remetiam a protestos e posicionamentos agressivos. Conforme aponta George Yúdice, ao falar da cristalização dessa visão hegemônica em certos meios, "os *rappers* do *hip hop* endossam essa visão e até mesmo lançaram um projeto intitulado 'Para converter a tribo funkeira'"[39].

Nos últimos vinte anos, esse conflito de posições, comportamentos e valores se manifestou a ponto de várias músicas ironizarem o *funk* como a música do não pensamento, que reforça a manutenção do *status quo*. Os jovens brasileiros que produziam ou escutavam o *funk* (bem como outros gêneros "não comprometidos") foram classificados de modo negativo, originando sentimentos de repulsa em razão de uma suposta alienação, de falta de compromisso social e engajamento:

---

[38] O *rapper* carioca MV Bill fornece indícios de como as coisas funcionavam antes: "eu não sei a data precisa, se era 85 ou 86 [...] já conhecia o *hip hop*, não a fundo, como cultura, mas dos bailes aqui na Cidade de Deus. [...] Tinha um grupo [...] que tocava *hip hop* nos bailes *funk*. Não diziam que era *hip hop*, entrava como *funk* também e ficava. Então eu ia pro baile, sabia distinguir mais ou menos o que era *hip hop* e o que era *funk*, mas, de um modo geral, era tudo a mesma coisa", em MV Bill e Celso Athayde, *Falcão: meninos do tráfico*, cit., p. 148.

[39] George Yúdice, "A funkificação do Rio", em Micael Herschmann (org.), *Abalando os anos 90*, cit., p. 43.

Quem é você?
Que olha no espelho e não se vê
Iludido como que vê na TV
Quem é? Quem é?
Quem é você?
Que tá nessa de curtir
Diz pra mim, KLB, Kelly Key
Funk de MC Serginho, forrozinho?
Cê tá louco, tiozinho?
Sou mina de fato, firme no ato!
Repudio isso.[40]

Essa batalha de perspectiva travada no campo cultural marcou a constituição de uma imagem representativa do que seria o *rap*, criada pelos agentes que impulsionaram esse processo por meio de uma atitude seletiva ante as tradições musicais e culturais com as quais dialogavam. No bojo dessas transformações, embora também circulassem mensagens de tolerância, prevaleceu a tensão. Era o momento em que os *rappers* lançavam-se à criação de uma imagem em torno de sua arte e sua cultura para dar sentido e regular a produção e o comportamento de seus adeptos, bem como para servir à sua delimitação (social, política, estética). O trecho anteriormente citado, de composição do Realidade Cruel, chega a ser brando se comparado com uma música do Câmbio Negro, registrada mais de dez anos antes:

Um dia pensava,
Lembrava de nossas origens
No começo era festa e
Hoje é muito triste
Todo salão uma roda,
Às vezes mais de uma
[...]
O Miami imperou
Sonzinho paia, fuleira
Tem gente que acha lindo
Quero *rap* nacional,
Deixa essa merda pros gringos
[...]
É isso aí, graças ao *break*

---

[40] Realidade Cruel, "Quem é você?", CD *Dos barracos de madeirite... aos palácios de platina* (Hortolândia, independente, 2008).

Que o *rap* não morre
Na hora que bicho pega,
Quem é *b. boy* não corre
Agora a coisa tá feia
Miami pra todo lado
Cuidado pra que o movimento
Não seja jogado
Por que será que tocam isso
E não tocam *rap*?
Preferem letras medíocres
Ao invés de nossos *scratchs*
[...]
Se acham os caras, os fodas
Não dizem nada com nada
[...]
Se tivessem cérebro,
Seria de uma ameba.[41]

Modo de fazer oriundo das apropriações e criações realizadas no diálogo com o universo simbólico compartilhado inclusive no interior dos bailes *blacks*, o *funk* brasileiro derivado do *Miami bass* se converteu, na ótica de alguns *rappers*, em coisa de "louco", de pessoas com cérebro de ameba...

No baile *funk*
Tá cheio de cocota
Música banal
Vende e faz sucesso
Toca na rádio e
Você até paga ingresso.[42]

Já o *rap*, que saiu do âmbito dos discos, filmes e bailes e explodiu pelas ruas, seu gabinete de reflexões e interferências no social, deveria ser pensado, antes de tudo, como instrumento de intervenção na realidade. Configurou-se como uma estética do problema, em que se narram episódios de violência, de consumo de drogas e da dinâmica social do comércio de drogas lícitas e ilícitas, das péssimas condições de vida nos bairros periféricos e pobres (e o contraste destes com os

---

[41] Câmbio Negro, "Funeral", CD *Diário de um feto* (Brasília, Discovery, 1996).
[42] DJ Alpiste, "Vai voltar", CD *Pra sempre* (s/l, Rob Digital, 2007).

bairros privilegiados), das condições de miséria e abandono e do acesso precário aos serviços públicos. São temas, em suma, que priorizam o cotidiano e as situações de "marginalização". O *rap* seria então, segundo alguns de seus músicos, a canção da reflexão, da luta e da tomada de consciência:

> O *rap* nacional é o som da periferia
> Prus manos de correria
> Guerreiros do dia a dia
> Que tentam sobreviver
> Em meio às covardias
> [...]
> Rimando nossa revolta
> Na busca por igualdade[43]

Ou, ainda:

> O compromisso é com o povo,
> É o *x* da questão
> É o resgate do ladrão
> A música do irmão,
> A recuperação
> Lotada de reflexão, aí, 'jão
> (Pode crê, Sabotage)
> *Rap* é o som e tenho o dom
> Da imaginação,
> Trilha Sonora e Facção
> VPN, rapnacional.com
> [...]
> Não sou Dom Pedro,
> Mas eu grito
> Pelo bem do *rap* eu fico, embaço, critico
> [...]
> *Rap* é compromisso,
> Como é o míssil que destroça
> É coisa *nostra*, da favela,

---

[43] Raciocinar Rap, "A revolução dos humildes", CD *Pra onde é que eu vou?* (Brasília, Nóspegaefaz, 2008).

Abrindo a porta
Só periferia que domina tal proposta[44]

A mudança ocorrida nos anos 1990 consolidou uma ideia hegemônica[45] de *rap* e revela uma cultura apropriada e processada (em certo sentido: criada) de acordo com os anseios de quem a forjou, ou ao menos daqueles que conseguiram se lançar em uma maior visibilidade pública. Sinal dos novos tempos, quando o *rap* passou a ser encarado cada vez mais em termos de expressão política e engajamento, é a fala de um de seus precursores (com duas faixas registradas no LP *Hip hop cultura de rua*, o primeiro do gênero lançado com produção nacional, em 1988), que compôs e gravou em um momento em que as divisões não eram tão rígidas: "Em 91, 92, o *rap* deu uma guinada, o negócio começou a ficar mais engajado, politizado, pesado [...]. Eu achei que começou a perder a alegria, que era a essência do *hip hop* no início"[46].

A partir dali, tudo aquilo que era identificado como problema pelos compositores transparecia em suas letras, em meio aos instrumentos e outros ruídos (sons que aparecem como arranjos musicais, de forma a acentuar os aspectos discursivos). Eram mensagens que versavam sobre o cotidiano e foi a forma instituída por uns tantos jovens para lidar com suas experiências e leituras de mundo numa chave poética/estética, exprimindo sua relação com a sociedade em que viviam e celebrando a vida social de maneiras diversas (com tristeza, rancor, alegria, ironia e por aí afora) ao cantar sobre situações e vivências coletivas e individuais[47]. Para

---

[44] Sabotage, "A cultura", CD *Rap é compromisso* (São Paulo, Cosa Nostra, 2000).

[45] O que quer dizer que não existe uniformidade no interior do universo *rap*, pois o termo hegemônico ressalta – conforme as considerações de Williams e Thompson – a complexidade dos fenômenos sociais, uma vez que não deixa escapar contradições, fragmentações e disputas do campo sociocultural e político-ideológico ou outro qualquer. Ver Raymond Williams, *Marxismo e literatura* (Rio de Janeiro, Zahar, 1979), em especial cap. 6, e E. P. Thompson, *Costumes em comum: estudos sobre a cultura popular tradicional* (São Paulo, Companhia das Letras, 1998).

[46] "Pioneiro do hip hop, MC Jack volta com *Meu lugar*", *Folha de S.Paulo*, 5 out. 2001.

[47] Isso explica a opção metodológica presente neste livro, ao enveredar pelo discurso dos próprios *rappers* contido em suas canções, aparições públicas e entrevistas. Nesse sentido, estabelece-se uma íntima relação com as pesquisas de Adalberto Paranhos, que, à procura do "lado B" da história, pesquisou registros sonoros originais dos discos 78 rpm e entrevistas com protagonistas da cena musical brasileira para capturar – por meio de uma história a partir de baixo – outras falas sobre a invenção do samba como símbolo do país e sobre o coro dos diferentes durante o "Estado Novo". Ver Adalberto Paranhos, "O Brasil dá samba? Os sambistas e a invenção do samba como 'coisa nossa'", em Rodrigo Torres (org.), *Música popular en América Latina* (Santiago de Chile,

os *rappers* brasileiros não importava muito de onde essa música tinha vindo, e sim o fato de ela ser um dos modos pelos quais eles podiam se manifestar – e, por isso, era a sua música: "Pô, vários miserável mesmo... Não tem como, se é uma música que fala a favor de quem não tem porra nenhuma, pô, o *rap* é nosso. De repente eles inventaram, mas é mais nosso que deles"[48].

O *rap* foi ativamente incorporado ao expediente cultural brasileiro, e os sujeitos que a ele se vincularam e se projetaram, inclusive por intermédio dele, em meio aos debates acerca da sociedade de seu tempo, atestaram, assim, sua participação na vida pública e, em particular, nos meandros da política. Construíram uma prática cultural que verbalizou as dissonâncias, assinalou a contestação do social no espaço da cidade e alimentou um novo ambiente de reflexão e denúncia. O *rap* operou com uma dupla função no cotidiano de seus produtores e fruidores: a um só tempo foi discurso de revolta e denúncia da deplorável condição a que um sem-número de brasileiros é relegado e também veículo de catarse[49] perante situações de opressão e controle social. Ao aderir a essa prática, homens e mulheres criaram um espaço no qual puderam reaver e construir sua identidade, reconfigurar sua autoestima e propagar valores alternativos.

Fondarte, 1999), e *Os desafinados: sambas e bambas no "Estado Novo"* (São Paulo, PUC-SP, 2005), tese de doutoramento em história social.

[48] Rapper Macarrão, do Rio de Janeiro, em depoimento incluído no documentário *Fala tu* (dir. Guilherme Coelho, Rio de Janeiro, Matizar e Videofilmes, 2004).

[49] É o que concluo ao interpretar parte da documentação. Algumas músicas são interessantes para se pensar como os conflitos vivenciados concretamente são "revidados" no campo simbólico. Por exemplo, na composição "Pobre menino", do grupo Resistência Lado Leste, figura um sujeito que não aceita situações de opressão, enfrentando com destemor e coragem até mesmo a violência da abordagem policial, sugerindo atitudes que, no dia a dia, na correlação de forças desigualmente estabelecida, seriam pouco apropriadas, quando não imprudentes. Ver Resistência Lado Leste, "Pobre menino", CD *Em busca da paz, vender-se jamais* (São Paulo, Magoo do Rap, 2006).

DIÁLOGO COM AS CRÍTICAS

O fato é que a prática do *rap* se estabeleceu entre brasileiros, seja como ouvinte ou produtor, de norte a sul, de leste a oeste, nas metrópoles e no interior. As referências, ora implícitas ora explícitas, nunca foram negadas de comum acordo. Mas o que, sem dúvida, não é possível afirmar é que se trata de uma adoção acrítica de um modo de viver e produzir cultura. Seria fácil elencar variados indícios que sustentem tal conclusão, como no caso dos *rappers* do Gírias Nacionais, que deixam claro que nem *copiam* nem negam que buscaram referências em outros grupos:

Criativo,
Eu procuro ser
Quando eu cresci,
Eu quis ser um MC
Que não copia,
Mas que podia admitir
Que eu não aprendi
Nada sozinho, chegado[1]

Essas e outras composições não trazem apenas palavras lançadas ao vento, desprovidas de sentido e alheias ao que acontece no âmbito do social. É provável que cada uma delas responda a conflitos concretamente experimentados nas relações entre setores/classes sociais diferentes, inclusive em razão de expressarem um modo de vida, de pensamento e de visão de mundo que se choca com outros que lhe são distintos. Não se pode eliminar aí a valorização, a divulgação e a propagação de

---

[1] Gírias Nacionais, "De nada adianta", CD *Desista de desistir* (Taubaté, 2003, independente).

perspectivas de viver e se ler a vida social, que, mesmo quando compartilhadas, comportam diferentes apreensões.

O argumento do *rap* como cópia, de sua constituição e feitura entre brasileiros como uma mera imitação deslocada, descontextualizada e ridícula do que fizeram jovens de outras partes do mundo, foi rebatido a toque de caixa. E, claro, o foi pelo principal – e, em certo sentido e até dado momento, o único – meio de que dispunham os *rappers*: sua própria produção musical. Foi através dela, sobretudo, que manifestaram inicialmente o desacordo ante as percepções dos que reduziam o *rap* aqui produzido a nada mais que um clone:

> O bumbo e a caixa,
> O chimbal estralando
> Me lembra das antigas
> Dos maluco aqui dançando
> Falando com o corpo na mais pura magia
> [...]
> O visual é importante,
> Ele disse o contrário
> Mas só copiar os gringos
> É coisa de otário
> [...]
> Os caras têm
> Outro tipo de vida[2]

Essa música, do *rapper* Lamartine, é construída como um diálogo, em que se expõem ao seu interlocutor imaginário (que, na verdade, são muitos, representado por um "ele" indeterminado) ideias sobre o *rap* e o *hip hop*, destacando seus aspectos positivos e como estes constituem traços identitários de sujeitos preocupados em se colocar como agentes da própria história, uma vez que a

> Evolução do movimento
> É atitude política
> Velho crioulo formador
> De consciência crítica[3]

---

[2] Nando, "930 – código de otário" (São Luís, s/d, independente). Ver, ainda, RZO, "Americanos", CD *Todos são manos* (São Paulo, Cosa Nostra, 1999), em que os *rappers* dizem, entre outras coisas, que "eu não passo pano pra americano/aqui só interessa/periferia, favela/o embalo é moda e/chega aqui já era/aqui só interessa/periferia, favela [...] atitude é o que intera".

[3] Nando, "930 – código de otário", cit.

Na elaboração da canção, são valorizados a condição de produção nacional e o que esta pode oferecer para a transformação do contexto em que estão inseridos público e autor. O alvo do petardo é a "molecada do *rap*", isto é, aqueles que produzem, consomem, vivem, gostam, se dizem do *rap*, à qual se pede para "se ligar" enquanto ironiza aqueles que reverenciam o crime e ressalta a cultura e a educação como importantes elementos organizadores da vida. Ao pintar o quadro em que se opõe o *rap* nacional ao produzido fora do país, apresenta-se uma América Latina ("a vida é mais dura/na América Latina") quase como o local exclusivo de problemas sociais, o único no mundo em que seria possível experimentar a pobreza, ruas de terra, cidades sem infraestrutura etc. – o que não é, ao que tudo indica, ingenuidade absoluta, mas uma espécie de licença poética para reforçar os posicionamentos defendidos. Essas referências, por sinal, se acham presentes na construção da argumentação de muitos *rappers*.

Dessa maneira, mesmo dando vazão a uma linguagem mundializada, o discurso se sustenta sobre alicerces locais, pondo em relevo o que se apreende no cotidiano vivido (evidentemente, a partir de uma ação que tanto lê o real quanto o recria). Não é, simplesmente, uma versão decalcada de um consumo cultural "alienado", em que a obra e o sujeito que a produz parecem descolados, como se os versos das músicas não encontrassem lastro no que o autor é e vive. O modo como a vida social é experimentada empresta suas dimensões à produção cultural:

> Olhe ao seu redor, sóbrio,
> E me diga,
> Quem tá nas facu,
> Quem tá nas cozinha?
> Quem tá de Audi,
> Quem tá de capelinha?
> [...]
> Quem é camelô,
> Que apanha da polícia?
> Quem venera os de gravata,
> Quem é que sobrevive, resiste na passeata?
> Quem é foda de verdade?
> Os *gangsta* de plástico ou Che Guevara?
> Chê...[4]

---

[4] Idem.

Ao entreter um diálogo com as questões de seu tempo e de seu contexto social, o autor propõe uma emancipação de sua arte, que deveria ser pensada em sua originalidade. Não se prende a referenciais alçados em um altar e, em oposição aos que dizem que os *rappers* brasileiros nada mais fazem do que copiar os estadunidenses pioneiros no gênero[5], chega a cantar ironicamente que o "Tio Sam não canta *rap*"[6]. No mesmo sentido, bate duro em certos *rappers* dos Estados Unidos, criticados como desprovidos de conteúdo e engajamento social ("os *gangsta* de plástico"), ao valorizar a trajetória e a história de ícones da luta contra a influência de "Tio Sam" nos países do sul do continente americano, como Che Guevara. Sua defesa é em relação ao *rap* nacional e aos que o estimam, sobrando para os demais o deboche:

> Agora eu tô ligado
> Eu conheço esses tipo
> Não houve *rap* nacional
> Só paga pau pros gringo
> Pensa que é considerado,
> Mas é maior pipoca
> Ainda diz que fala inglês,
> *Motherfucker*[7]

Estas e outras composições estão, portanto, no campo de um argumento (discursivo, prático, cultural) construído sobretudo entre *rappers* e que busca oferecer ao *rap* brasileiro uma "autenticidade" que por vezes lhe é negada. As posições assumidas nessa empreitada procuram retirá-lo da esfera da passividade e mostrá-lo (e não apenas a música, mas os sujeitos que a produzem) como um exercício ativo, de escolha e negação, de seletividade de referenciais musicais e ideológicos. Não se trata, porém, de uma "autenticidade" concebida como uma noção de isolamento, de originalidade, de elementos puros, ligados a histórias e tradições de povos e culturas exclusivamente nacionais ou dos locais a partir de onde esses *rappers* falam (afinal, "podia[m] admitir/que eu não aprendi/nada sozinho, chegado"). Busca-se salientar que o diálogo intercultural possibilita a apropriação de elementos culturais diversos, com destaque para a constatação de que "a brasilidade do *rap* [está]

---

[5] Até quando se ressaltavam os aspectos "essencialmente brasileiros" dos *rappers* e suas músicas, acreditava-se que "o *rap* surgiu por aqui como uma imitação da novidade dos guetos norte-americanos". Ver "A nova cara do *rap*", *Folha de S.Paulo*, 22 jan. 2001.

[6] Nando, "930 – código de otário", cit.

[7] Idem.

nas letras, que falam da realidade daqui [...] com gírias próprias"[8] – argumentação muito recorrente, mas que não descarta o fato de a "brasilidade" também estar incorporada a outras dimensões, como a musicalidade.

Entretanto, ainda que tenha sido ativamente incorporado e retrabalhado sob o prisma de sujeitos inseridos no contexto brasileiro, o *rap* foi marcado pelo signo do estrangeirismo alienante[9]. Sem negar sua presença social (ou até mesmo por esta ter se tornado relativamente significativa), despontaram opiniões que ofereceram resistência à legitimação desse gênero musical e, consequentemente, dos agentes nele envolvidos.

Os *rappers*, em seu dia a dia, experimentaram os efeitos decorrentes da propaganda negativa que circulava socialmente e fomentava a formação de uma opinião generalizada a respeito de suas músicas. O *rap* era

Criticado, tirado, discriminado
Mal olhado, falado, desmoralizado
Por pessoas que julgam pelas aparências.[10]

Nessa ofensiva contra os *rappers* e, sobretudo, contra o discurso que empreendiam, entendo que se exprimia uma questão fundamentalmente de classe, uma vez que eles são, em sua maioria, provenientes de setores sociais de baixa renda e, conforme aponta mais de um documento, "se ele é pobre/negativa a influência"[11] (ao menos em potencial, notadamente por contestar o que foi estabelecido como marco para as relações sociais).

---

[8] DJ KL Jay, do grupo Racionais MC's, citado em Fernanda Mena, "Nos tempos da São Bento", *Folha de S.Paulo*, 20 ago. 2001.

[9] Essas questões não são exclusividade do Brasil. Em outros lugares do mundo, esses mesmos aspectos foram notados, criando polêmicas sobre a existência ou não de uma dimensão alienante nessa prática musical, se se tratava de uma maneira de fazer com sentidos particulares. Grizel Baguer, por exemplo, analisa essas dimensões na inserção social do *rap* no cenário cubano, apresentando conclusões próximas às que apresento aqui. Ele considera que esse tipo de canção tem uma "história que tiene entre suas raíces la apropiación, decantación e recontextualización de las diversas músicas llegadas ao país", em "Avatares del *rap* en la música popular cubana", *Actas del VII Congreso Latinoamericano IASPM-AL*, Havana, 2006, disponível em: <uc.cl/historia/iaspm/lahabana/articulosPDF/GrizelHernandez.pdf>.

[10] Gírias Nacionais, "+ do que vencedor", cit.

[11] Idem. Não é de hoje que, no Brasil, se estabeleceu uma estreita associação entre classes pobres e classes perigosas. Ver, por exemplo, Sidney Chalhoub, *Cidade febril: cortiços e epidemias na corte imperial* (São Paulo, Companhia das Letras, 1996), p. 20-9.

Mais especificamente falando, quais eram, afinal, as críticas formuladas? Em que lugares reverberavam? Em termos gerais, pode-se dizer que centravam fogo nos elementos musicais e no conteúdo das composições, que se cruzam com aspectos que põem à vista as convergências entre cultura e consumo. O assunto apareceu em diversos momentos. Desde que alguns sujeitos começaram a se arranjar socialmente, tendo como elo a prática do *rap*, as manifestações de descontentamento foram surgindo aqui e ali, de modo incisivo ou diluído, em vários meios, como matérias e artigos de jornais e revistas.

Acredito que elas ressoaram intensamente nos ambientes de que se nutria o *rap*. Por isso, em entrevista publicada na revista *Rap Brasil*, o *rapper* brasiliense GOG ironiza a jornalista Bárbara Gancia, que desancou os *rappers* em artigo publicado pelo jornal *Folha de S.Paulo*: "Acho que a Bárbara Ganso[12]... Gancia [risos] representa o que pensa a classe dela. A elite brasileira nos vê dessa forma e não adianta [...] o *hip hop* jamais vai agradar a essa elite"[13].

Esse "nos vê dessa forma" remete às qualificações negativas que historicamente foram atribuídas aos *rappers* e ao *rap*. O texto de Gancia, intitulado "Cultura de bacilos", é recheado de argumentos que condensam estigmas e preconceitos ante expressões culturais populares, ligadas aos pobres, aos "marginalizados", aos periféricos. Expõe a jornalista:

> eu pergunto: a que ponto chegamos? Desde quando *hip hop*, *rap* e *funk* são cultura? Se essas formas de expressão merecem ser divulgadas com o uso do dinheiro público, por que não incluir na lista o axé, a música sertaneja ou, quem sabe, até cursos para ensinar a dança da garrafa? O axé, ao menos, é criação nossa. Ao contrário do *hip hop*, *rap* e *funk*, que nasceram nos guetos norte-americanos. [...] esse lixo musical que, entre outros atributos, é sexista, faz apologia à violência e dói no ouvido.[14]

O trecho sugere várias reflexões. A exemplo de GOG, muitos outros *rappers* fazem menção ao fato de o *hip hop* não ser aceito pela elite – designação bastante genérica e generalizada no universo do *rap*, mas que se refere àqueles que desfrutam de alto poder aquisitivo, laboram em atividades com reconhecido prestígio, tem inserção nos meios de comunicação hegemônicos e/ou compartilham valores e fruição de objetos culturais que não são os mesmos dos seus. Evidentemente,

---

[12] Ganso, no caso, refere-se a uma gíria que zomba do interlocutor ao insinuar que este se intromete em questões alheias, emitindo opiniões, juízos, sem reunir credenciais para tanto.

[13] Marques Rebelo e Alexandre de Maio, "Entrevista com GOG", *Rap Brasil*, n. 3, 2008.

[14] Bárbara Gancia, "Cultura de bacilos", *Folha de S.Paulo*, 16 mar. 2007.

cabe insistir na afirmação de que não há uma visão de mundo homogênea entre os autores do *hip hop*, logo o *rapper* fala a partir daquilo que acredita partilhar com outros, que é uma postura engajada, crítica, na contramão dos interesses das elites econômicas e políticas.

Críticas como as elaboradas por Gancia (e outros) e as respostas dadas por GOG (e outros[15]) são sinais da luta que é travada no campo da produção simbólica entre os setores dominantes (ou da classe dominante) e os populares, principalmente no momento em que estes viveram uma fase emergente na busca de espaços para uma inserção social diferente da anterior, além de recursos que proporcionariam a continuidade de suas práticas, a melhoria nas condições de produção cultural e a participação na divisão das riquezas da sociedade.

Embora o capital cultural dos *rappers* fosse compartilhado como gosto musical por setores relativamente amplos da sociedade – a ponto de romper barreiras de classe, cor, gênero –, as críticas que incidiam sobre eles visavam não só desconstruir o *rap*, como todas as práticas e valores que o sustentavam. As denúncias feitas, os valores propagados, a alusão aos não lugares da cidade e os posicionamentos afirmativos, fossem eles de classe social, etnia, gênero[16] ou local de moradia, foram tachados de toscos, de rudes, de não cultura[17].

---

[15] Esses debates perpassam toda trajetória da música *rap* no Brasil. Basta atentar para uma composição de Thaíde que, não houvesse sido composta mais de dez anos antes, poderia ser tomada como um contra-argumento ao que foi dito por Gancia: "a ignorância diz/que nós não temos consistência/que nossa música é mal feita/fraca e simplória/mas assim como muitos mestres/que viveram em nosso planeta/vamos permanecer pra sempre/na história", em "Verdadeira história", cit.

[16] O universo *rap* oferece possibilidades para a reflexão de alguns aspectos da questão de gênero no Brasil contemporâneo, sendo foco de disputa e plataforma de expressão também por mulheres. O leitor interessado pode buscar elementos sobre o assunto no documentário *Rap de saia* (dir. Janaína Oliveira e Christiane de Andrade, Na Mira Produções, 2006) e nas análises acadêmicas de Mariana Semião de Lima, *Rap de batom: família, educação e gênero no universo rap* (Campinas, Unicamp, 2005), dissertação de mestrado em educação; Wivian Weller, "A presença feminina nas (sub)culturas juvenis", *Estudos Feministas*, Florianópolis, v. 13, n. 1, jan.-abr. 2005, p. 216; Priscila Saemi Matsunaga, *Mulheres no hip hop: identidades e representações* (Campinas, Unicamp, 2006), dissertação de mestrado em educação; e João Batista Soares de Carvalho, *A constituição de identidades, representações e violência de gênero nas letras de rap* (São Paulo, PUC-SP, 2006), dissertação de mestrado em história.

[17] Não é novidade essa maneira de conceber as criações culturais das classes populares. Ela já se mostrava de corpo inteiro, por exemplo, na *belle époque* carioca e em seu desprezo para com a cultura popular, concebida como uma espécie de subcultura. Ver Mônica Pimenta Velloso, *As tradições populares na belle époque carioca* (Rio de Janeiro, Funarte/Instituto Nacional do Folclore, 1988), p. 7-9.

Polêmicas ácidas foram direcionadas às questões de forma, em especial ao fazer musical, "rebaixado" por uma suposta ausência de técnica e conhecimentos. Em matéria veiculada na revista *Veja*, lê-se que

> Pela primeira vez [...] é possível fazer música sem instrumentos, sem nenhum conhecimento prévio do assunto e até sem saber cantar. O *rap* consiste numa letra falada – às vezes vociferada – sobre uma base rítmica. [...] o *rap* torna a arte da composição acessível a qualquer cidadão que não seja mudo ou gago.[18]

O que intrigava os críticos era o fato de uma "música que não tem melodia, não tem canto nem exibições de virtuosismo instrumental"[19] reunir à sua volta um número considerável de pessoas, sendo catalisadora de gostos, comportamentos e modos de pensar e de agir. O que se cobrava dos *rappers*, pelo visto, era uma estética elaborada da qual eles estariam alijados. Desconsiderando (embora não em sua totalidade) que para as produções musicais do *rap* são sim necessários saberes técnicos e intelectuais e criatividade, difundiram a imagem de que "o trabalho que oferecem é imaturo, despreparado, limitado"[20].

As críticas gravitavam em torno da ideia de que os *raps* eram "produções artesanais de fundo de quintal, [com] qualidade técnica razoável, mas nenhum esquema de produção por trás"[21]. O foco, no entanto, deve ser deslocado para outras dimensões, até porque, para os jovens envolvidos no processo, fazer música significa manipular de forma criativa e complexa um vasto leque de referências compostas pelos registros musicais de outros artistas, o que não deve ser tomado como sinônimo de musicalidade ruim, ausência de saber ou inexistência de técnicas próprias. Conhecimento, técnica e habilidade, é isso que se evidencia na prática dos precursores desse tipo de produção no Brasil:

> Enquanto na *pick-up* (toca-discos) executa-se a música e seleciona-se o ritmo, o *deck* (gravador) vai sendo utilizado para gravação e corte das partes da música sempre que o *pause* é apertado. O ciclo rítmico recomeça novamente na *pick-up*, o *deck* é novamente

---

[18] "Dança dos furiosos", *Veja*, 27 jun. 1990, p. 88.

[19] Ibidem, p. 88.

[20] Pedro Alexandre Sanches, "Grupo de *rap* desenha testemunho imaturo, mas de peso social e ético", *Folha de S.Paulo*, 20 ago. 2001. Um esclarecimento: embora tenha manifestado essa opinião, isso não quer dizer que o autor tenha um pensamento engessado sobre a prática cultural em questão. Em todo caso, é uma manifestação sintomática do quanto essas concepções estão espraiadas pela sociedade.

[21] "Pretos, pobres, raivosos", *Veja*, 12 jan. 1994.

acionado na tecla do *pause* cortando mais uma vez o fragmento desejado da música no tempo exato. A repetição do processo é seguida até a base rítmica preencher todo o espaço necessário para o canto falado.[22]

A passagem ilustra um dos meios mais rudimentares pelo qual se estruturava a base rítmica de um *rap*, e que ainda assim não dispensava saberes e sensibilidades. Ao falar de seu processo de criação e composição, o DJ Damien Seth, do grupo carioca 3 Preto, apresenta questões que corroboram com a argumentação de que não é possível pensar esse gênero como desprovido de racionalidade musical[23], quer dizer, não "é possível fazer música [...] sem nenhum conhecimento prévio do assunto". Em meio a seu teclado, um *sampler*, caixas de som e um CD de Miles Davis, Damien declara:

> Porra, eu engano no violão, tenho o básico do violão. Fiz dois anos de conservatório, lá na França, conservatório de trompete. [...] Aí depois eu comprei esse *sampler* e larguei tudo, eu só fiz isso. [...] É uma maneira diferente de compor, né? Realmente, bicho, acho que eu sou músico [...] tem que ter um mínimo de sensibilidade musical pra fazer isso.[24]

No início, de fato, os DJs compunham manualmente por meio da operação da *pick-up* e do *deck* para formar a base sonora, que ganharia posteriormente uma letra pela voz do MC. Com o tempo, passaram a utilizar outros meios de produção musical aproveitando-se da popularização e do consequente barateamento de equipamentos eletrônicos, como o *sampler*, e dos computadores pessoais – lançando mão dos *softwares* musicais. As técnicas, todavia, continuaram fundamentalmente as mesmas: a colagem, o *back to back*, o *samplimg*[25]. Acredito que essas técnicas desenvolvidas fora das noções tradicionais de estudo e aprendizado musical estão no centro das críticas que envolvem a prática artística dos *rappers*, seja por preconceito,

---

[22] José Carlos Gomes da Silva, *Rap na cidade de São Paulo* (Campinas, Unicamp, 1998), tese de doutoramento em antropologia, p. 196-7.

[23] No caso do *rap*, muitas vezes o aprendizado, o desenvolvimento de uma sensibilidade musical e a própria produção caminham juntos.

[24] Declaração de Damien Seth em *A palavra que me leva além* (dir. Emílio Domingos, Bianca Brandão e Luisa Pitanga, Brasil, 2000).

[25] Para uma introdução às técnicas utilizadas na composição do *rap*, sobretudo a parte musical, elaborada e executada pelos DJs, ver, entre outros, Anita Motta e Jéssica Balbino, *Hip hop: a cultura marginal* (São João da Boa Vista, UniFAE, 2006), trabalho de conclusão de curso em jornalismo, cap. 2.

conservadorismo, desconhecimento ou porque as pessoas que as tramam foram "alfabetizadas" na linguagem tida e havida como culta.

Mais: embora as técnicas utilizadas comportem níveis distintos de complexidade na construção das canções, o argumento de que qualquer um poderia fazê-las e cantá-las é facilmente rebatido, como sugere o diálogo entre os *rappers* Ferréz e Moysés:

> Ferréz – E dizem que o cara faz *rap* porque não precisa de nada, né? Não precisa de bateria, não precisa de guitarra, não precisa de caderno. O cara decora a letra e vai lá e canta...
>
> Moysés – Não [...]. É o julgamento de quem não vive e não sabe o que a gente passa, né, mano?, pra fazer nossos *raps*.
>
> Ferréz – Porque precisa de muita coisa pra fazer um *rap*, né?
>
> Moysés – Claro, pô, claro que precisa, claro que precisa. Não é assim do jeito que os cara pensa.[26]

Essas críticas ao *rap* e aos *rappers* se converteram, até certo ponto, em lugar comum. Entretanto, não comungo delas por achar que "o valor do popular não reside em sua autenticidade ou em sua beleza, mas sim em sua representatividade sociocultural"[27]. Um pronunciamento de GOG ilustra bem isso:

> Por mais que seja bonito esse palco aqui, ó, eu vejo uma bateria, eu tô vendo uma percussão, eu tô vendo tudo, mas tudo nasceu ali, ó, no toca-discos, sabe? [...] as pessoas muitas vezes falam de evolução do *hip hop*, da música, do *rap*, é... de repente, "GOG, coloca uma banda". Eu coloquei uma banda, toquei com banda [...], mas acima de tudo eu sei que o coração que pulsa o *hip hop*, que transformou a periferia no momento em que ela mais precisava, foi através do toca-discos e de uma música que era, de repente, repetida, né?, várias vezes, e que as pessoas falavam, como o maestro Júlio Medaglia, como outras pessoas falavam, que era um lixo cultural [...] [mas, apesar disso] conseguiu afetar e infetar os nossos corações.[28]

---

[26] Moysés e Ferréz, em entrevista gravada em São Paulo e exibida em 6 jun. 2009 no programa *Manos e Minas* da TV Cultura.

[27] Jesús Martín-Barbero, *Dos meios às mediações* (Rio de Janeiro, Editora UFRJ, 2008), p. 113.

[28] GOG, discurso na Associação Cultural Novo Lua Nova, em São Paulo, documentado em vídeo por CarlosCarlos, do Projeto Bola & Arte, 21 set. 2010.

O sucesso que alguns *rappers/raps* alcançaram guarda íntima correspondência com o modo como o público se reconheceu na linguagem, nos discursos, nos enredos, nas referências mobilizadas nas composições.

Ademais, as questões propriamente musicais se tornaram coisa pequena em relação ao grosso das críticas, que apresentavam o *rap* como algo alienante (ou fruto da alienação), por alusão ao modo como foi assimilado como prática sociocultural. Como já vimos, esse caráter supostamente alienante está, em geral, vinculado à sua origem "não nacional": "para muita gente, *rap* e *hip hop*, estilos e ritmos que há algum tempo sacodem a periferia das grandes cidades e começam a circular com força na mídia, não passam de mais um modismo importado dos EUA"[29]. Esse posicionamento foi, mesmo às avessas, incorporado na agenda de alguns *rappers*, como se nota na fala de Rappin Hood, além do que se ouve nas letras mencionadas no início deste capítulo: "desde o meu primeiro disco eu faço isso. Eu quero aproximar o *rap* da realidade brasileira, não quero ser uma cópia dos americanos"[30].

Hood, em certa medida, se defende daqueles que acusam os *rappers*, à moda da jornalista Bárbara Gancia, que, ao comentar a atitude do Ministério da Cultura em investir dinheiro público em ONGs que dialogam com o *hip hop*, afirma que isso equivaleria a "dar força para a molecada virar uma paródia do Snoop Dogg"[31], um conhecido músico estadunidense do gênero.

Preconceitos à parte e concedidos os devidos descontos, até as colocações de Barbara Gancia se sustentam, ao menos em parte. Não é difícil observar que muitas canções do *rap* brasileiro são, sobretudo do ponto de vista musical, quase idênticas a composições de outros artistas (do gênero ou não). Note-se, por exemplo, que a música "Hip Dip Skippedabeat", do grupo Mtume[32], foi apropriada pelo Racionais MC's em "Qual mentira vou acreditar"; "The Bridge is Over", dos *rappers* do Boogie Down Production, o foi pelos *rappers* do grupo Álibi na faixa "Minha treta, minha truta"; que os *rappers* do Facção Central se valeram de "Theme from Cleópatra Jones", de Joe Simon, em "Livro de Autoajuda".

É provável, portanto, que boa parte das críticas tenha se baseado na comparação entre produções nacionais e composições de outros músicos, principalmente estrangeiros.

---

[29] Mauricio Dias, "A batida que vem das ruas", *Folha de S.Paulo*, 14 out. 2001.
[30] "Rappin Hood lança segunda parte de trilogia", *Folha de S.Paulo*, 8 abr. 2005.
[31] Bárbara Gancia, "Cultura de bacilos", cit.
[32] Grupo com produção *funk* e *soul* que lançou seus discos durante os anos 1970 e 1980.

Mas daí a afirmar que são réplicas de Snoop Dogg ou outro qualquer vai uma grande distância. A intenção de significativa parcela dos *rappers* brasileiros não era se transformar em cópia de *rappers* de projeção internacional, e sim dialogar criativamente com uma linguagem que se converteu (ou foi convertida) em cultura de massa, em mercadoria de circulação global. Mesmo que as referências iniciais tenham sido emprestadas do mercado de bens culturais, os produtores não se comportaram de modo passivo perante o produto oferecido, como acentua a fala de Gaspar:

> Você escolhe se quer ser popular ou se quer ser *pop*, cara, entendeu? Se você quer fazer música pra vida, se quer fazer escambo e trocar [tocar?] tambor pro resto da sua vida, ou se você quer fazer grana, tá ligado? [...] A minha opção é simplesmente cantar minha cultura. [...] Eu simplesmente queria trazer e fazer pro Brasil um *rap* brasileiro, não ficar só reproduzindo bumbo e caixa no *sampler*, que eu acho maravilhoso, gosto muito [...]. A gente tenta fazer isso, sabe, fazer essa mistura. O Brasil é mestre de pegar as culturas do mundo e misturar, e colocar a sua arte.[33]

As pessoas afinadas com o *rap* não são tão passivas e/ou alienadas como por vezes se supõe equivocadamente. As "maneiras de usar"[34] constituem-se em um dos dados da produção nacional do *rap*, uma vez que, ao se conectarem com o lado de fora do Brasil, os *rappers* acabaram por criar algo novo no próprio contexto e que diz respeito a uma realidade específica. Sob muitos aspectos, pode-se afirmar que eles (re)inventaram essa cultura musical[35].

Assim, embora tenham sido inegavelmente influenciados e conquistados como adeptos e fruidores desse tipo de música, isso não implica admitir, como já foi sublinhado, que os brasileiros se limitaram a imitar uma prática que lhes foi imposta, digamos, pela indústria musical, ou que alegremente aderiram a manifestações miméticas. A experiência proporcionada por outra realidade, as redes de sociabili-

---

[33] Entrevista em áudio com Gaspar, do grupo de *rap* Z'África Brasil, de São Paulo, realizada pela equipe da Edições Toró, 19 mar. 2009.

[34] Michel de Certeau, *A invenção do cotidiano*, v. 1: *Artes de fazer* (Petrópolis, Vozes, 1994).

[35] Além de Certeau, Zygmunt Bauman também pensa essa questão. Em *O mal-estar da pós-modernidade* (Rio de Janeiro, Zahar, 1998), ao discutir a imitação, ele escreve: "Nenhum ato humano é uma imitação completa e exata, cópia fiel, reprodução precisa de um modelo ou papel [...]. Em todo ato, os modelos são mais uma vez reproduzidos, em formas nunca totalmente idênticas. Todo ato é, até certo ponto, uma *permutação* original, uma versão do modelo" (p. 170). Aí se percebe como é inapropriado pensar as relações que se estabelecem no campo cultural em termos de passividade por parte dos sujeitos.

dade e as dinâmicas sociais que permearam seu contato com o *rap*, transformaram todo o significado dessa música que aqui aterrissou como mercadoria-canção e foi logo apropriada como expressão cultural, por intermédio da qual se falou de modos e condições de vida. O *rapper* Professor Pablo, a exemplo de tantos outros, caminha nessa direção:

> [...] Talvez eu nem manje
> Do que chamo *West Side*
> Acredito que não vou fazer um *beat box*
> E nem mesmo um *freestyle*
> Eu vim mostrar, desenvolver
> Sob um novo enfoque
> Não me preocupo com Los Angeles
> Nem Nova York
> Não adianta; não aceito,
> Não volto mais atrás
> Quero meu jeito
> Admiro
> Mas não somos iguais...[36]

Vale uma ilustração a mais. Em 1988, o grupo de *rap* NWA (abreviação para Niggas With Attitude), de Los Angeles, lançou o LP *Straight Outta Compton*, no qual consta uma faixa homônima que, posteriormente, virou um videoclipe e, por consequência, teve uma circulação mais ampla. A maioria das músicas desse disco trata da vida nos guetos negros de Los Angeles, de seu cotidiano, seus problemas. Produto de sucesso, o disco adquiriu relativa notoriedade, ganhou alguns prêmios, entrou no *ranking* da revista *Rolling Stone*.

Dez anos mais tarde, o *rapper* GOG gravou o álbum *Das trevas à luz*, com a faixa "Matemática na prática"[37]. Essa composição se vale de "Straight Outta Compton" e escancara a influência de músicos de outros países na formação do gosto musical de parcela dos brasileiros[38]. Contudo, o músico brasiliense fez uma apropriação

---

[36] Professor Pablo, "Cachorro louco", CD *Estratégia* (São Paulo, 7 Taças, 2002).

[37] GOG, "Matemática na prática", CD *Das trevas à luz* (Brasília, Zâmbia, 1998).

[38] Indício de como essas posições que consideravam os *rappers* reles imitadores de uma cultura musical do Tio Sam eram difundidas na sociedade é o testemunho do *rapper* MV Bill, que jogou luz sobre a questão ao comentar sobre sua detenção (quando trabalhava em um documentário sobre drogas): "O único endereço que eu tinha era o do advogado deles, com quem, um dia antes, eu tinha quase saído na porrada, por causa dessas acusações tolas de que o *hip hop* é americano.

criativa, portadora de um novo significado, estritamente ligado às condições daquele que procede à apropriação, e não pautado pelo apropriado. Em "Matemática na prática", GOG transforma "Straight Outta Compton" mediante a incorporação de outros elementos sonoros e de outra letra que, mesmo colada ao cotidiano dos que se acham à margem da sociedade, como na composição original do NWA, não calca seu sentido nela. Isso permite notar

> que nem toda assimilação [...] é signo de submissão, assim como a mera recusa não o é de resistência, e que nem tudo que vem "de cima" são valores da classe dominante, pois há coisas que, vindo de lá, respondem a outras lógicas que não são a da dominação.[39]

Ao lado dos outros músicos do grupo, GOG apresenta "cenas fortes, sem cortes", que, de acordo com ele, "nada têm a ver com conto de fadas"[40]. Levando em conta que a experiência vivenciada nas cidades brasileiras é particular e que muitas de suas letras têm uma perspectiva pretensamente realista, o compositor não poderia apenas reproduzir a fala do outro[41]; era necessário partir de si:

> Do fundão da Ceilândia
> Mais precisamente da expansão do setor O
> [...]
> Minha voz é forte, sincera
> Minha casa, minha quebra, considerada Riacho Fundo
> GOG chega aí, sou da C.I.
> E, eu, Riacho Fundo, enfim
> [...]
> A matemática na prática é sádica
> Reduziu meu povo a um zero à esquerda, mais nada
> Uma equação complicada
> Onde a igualdade é desprezada

Como se todo brasileiro só quisesse [...]". Celso Athayde, parceiro de Bill em variados projetos, também se referiu ao mesmo advogado, que "criticava a gente por conta da origem americana do *rap*". Ver MV Bill e Celso Athayde, *Falcão: meninos do tráfico*, cit., p. 107-8 e 112.

[39] Jesús Martín-Barbero, *Dos meios às mediações*, cit.

[40] GOG, "Matemática na prática", cit.

[41] A análise das fontes mostra a obstinação dos *rappers* em se defender dessas questões. Gustavo Black Alien, em referência a jargões comuns nos *raps* estadunidenses, afirma que "*how hey* é o caralho, tem que fazer o *rap* daqui de verdade, na moral, com a realidade daqui". Ver *L.A.P.A.: um filme sobre o bairro da Lapa, um filme sobre o rap carioca*. (dir. Cavi Borges e Emílio Domingos, Brasil, s/distribuidora, 2007).

A seguir cenas que nada têm a ver com conto de fadas
Seu pai faxineiro, lava banheiros
Salário mais gorjeta de terceiros
De quebra faz um bico revendendo jogos
Feitos numa lotérica
Sua mãe com mais de sessenta
Ainda trabalha de doméstica
E assim se completa a renda da família
Salário mais gorjeta, bico, aposentadoria
Somando tudo dá a certeza de lutar por melhores dias...[42]

A música se vincula à consciência dos problemas urbanos, aos estilos de vida, às necessidades cotidianas próprias do contexto brasileiro (e, nesse caso, mais especificamente, o que foi vivido pelo compositor), ou seja, é inviável pensá-la como a imitação pura e simples de composições estrangeiras, o que converteria os músicos em "alienados" e suas produções em paródias de obras de *rappers* estadunidenses. Volto a Gaspar novamente para reforçar a argumentação de que o importante não é tanto a linguagem (e muito menos de onde ela veio), mas o seu uso: "Que nem eu falo pros meus irmãos, se você fala português, só fala a língua do colonizador [...]. Agora, o que que cê faz da língua do colonizador?"[43]. Não importa o que e de onde vem, o que interessa é a utilização que se faz; logo, o que os sujeitos fizeram do/com o *rap*.

***

Em Goiânia, assim como em boa parte das cidades brasileiras, surgiram grupos de *rap* que realizam um *mix* de elementos da cultura *pop*, do *rap* de circulação internacional e da cultura caipira, como a viola, o berrante e a música sertaneja – sem falar de informações culturais provenientes da folia de reis, da catira, do forró e outras incontáveis referências. Um expoente desse fenômeno é o grupo Testemunha Ocular. Sintetizando acordes distorcidos de guitarra com o som do triângulo, da zabumba e da bateria eletrônica, arranjaram a canção "Frutos da rua", pela qual expressam, de modo não muito diferente do que já foi esclarecido até aqui, que

Não tem negócio, não
Sou pequizeiro rimador

---

[42] GOG, "Matemática na prática", cit.
[43] Entrevista com Gaspar, cit.

E meu estilo é próprio
Eu mando rimas e mais rimas
No meu tempo ócio
[...]
Sou caipira e quem não é
Responda a pergunta
Cada sujeito do seu jeito
Mas mantendo a conduta
[...]
O que te insulta é o fato
De eu ter sido eleito
Passei a mão no microfone
Pra cantar versos perfeitos[44]

Tudo aquilo que acreditaram ser versos perfeitos, ou seja, todo o discurso mobilizado pelo *rap*, foi recebido fora do circuito cultural em que se inseriam a partir de outra chave interpretativa. As falas do tipo

Sai pra lá, imperialismo
Pois chegou a resistência[45]

Você não vê, não crê
Mas muitos passam fome
[...]
Explodam-se os que insistem em se omitir
Por causa de vocês o mundo está assim
Próximo do fim[46]

Meu povo já não aguenta mais desigualdade
Não dá pra manter o jogo na desvantagem
Precariedade, escassez, periferia
[...]

---

[44] Testemunha Ocular, "Frutos da rua", CD *Frutos da rua* (Goiânia, Two Beer or Not Two Beer, 2003).
[45] Testemunha Ocular, "Alca", cit.
[46] GOG, "A matança continua", LP *Peso pesado* (Brasília, Discovery, 1992).

Aqui não tem projeto em prol da comunidade
Só Defesa Civil colhendo corpo no barro[47]

ou

Meu nome é Adriano
E sobrevivi no submundo das drogas
O meu nome é Aplik
Sobrevivi à violenta rotina policial
Meu nome é WG
E sobrevivi às injustiças do sistema[48]

apenas para citar alguns trechos, não caíram bem em alguns ouvidos. Pudera: nada tinham de "versos perfeitos", e a mensagem (de acordo com a documentação consultada) era condenada por seu mau gosto[49].

Mais do que isso, porém, as músicas com esses motes foram vistas com grandes reservas, pois denunciavam/contestavam a sociedade contemporânea ou formulavam críticas ofensivas que atingiam diretamente setores/grupos sociais beneficiados pelo *status quo*. Os discursos de boa parte dos *rappers*, ao transitarem por crimes, mortes, violência, drogas, conflitos sociais e miserabilidades de todos os tipos, não podiam deixar de render-lhes certos distanciamentos.

Não eram músicas palatáveis e de fácil fruição; sua assimilação pressupunha, entre outras coisas, um estar aberto para mergulhar nas fraturas da desigual sociedade brasileira. Suas execuções por vezes causavam desconforto para o público mais amplo. Passagens como

Roube quem tem
Ou não roube ninguém[50]

A violência
A cada dia cresce mais

---

[47] Realistas, "Eclamps", CD *Só prus guerrero* (Belo Horizonte, s/d, independente).
[48] Consciência Humana, "Abertura", CD *Lei da periferia* (São Paulo, DRR Records, 1996).
[49] Na resenha sobre um CD, há o reconhecimento de que "a mensagem é pesada em cada verso, o sangue jorra com naturalidade, tiros espocam em quase todas as faixas". Ver Paulo Vieira, "É o mais violento disco já produzido no país", *Folha de S.Paulo*, 23 dez. 1997.
[50] Facção Central, "Roube quem tem", CD *Juventude de atitude* (São Paulo, Discoll Box, 1995).

Gente morrendo
Como animais[51]

Que conduta você tá seguindo
Será que é mais um fantoche
Do consumismo?[52]

Eu tô querendo trabalhar
O sistema insiste em não deixar
Querem me ver pegar na Glock
Pra depois me enquadrar
Me bater, me algemar,
Torturar, enjaular[53]

O inimigo qual é?
Qual é, qual é?
A burguesia,
Sistema capitalista selvagem[54]

provocaram, além de má fama aos *rappers*, uma indisposição para com suas músicas.

A resistência à circulação "irrestrita" e até mesmo mais comercial de uma parcela das produções dos *rappers* era proporcional à acidez de seus discursos e da própria postura que assumiam[55]. Essas dimensões do *rap* acabaram limitando a apropriação de seus produtos por parte de rádios, casas noturnas e outros meios de divulgação, expansão e formação de público. Representativo disso é o comentário de um empresário ao se referir à presença do *rap* no interior de seu estabelecimento: "'Aqui, tocam mais os *raps* americanos e as *charolas*, as músicas consagradas. Não dá pra botar Racionais MC's. É um som muito ofensivo', diz Ricardo Santos, dono da [casa noturna] People Lounge"[56].

---

[51] 4 preto, "É um vacilão" (Salvador, s/d, independente).

[52] Bandeira Negra, "Você é influenciado pela mídia", EP *Transformação* (Cabo Frio, s/d, independente).

[53] Proletários MCs, "Camelô" (Porto Alegre, s/d, independente).

[54] Clã Nordestino, "Ases de periferia", CD *A peste negra* (São Luís, Face da Morte, 2003).

[55] Para alguns apontamentos sobre a relação entre *rap* e mercado fonográfico, ver Elvis Dieni Bardini, *Consumo musical brasileiro e o rap como agente da indústria e alternativa de produção independente* (Tubarão, Universidade do Sul de Santa Catarina, 2006), dissertação de mestrado em ciências da linguagem.

[56] Rita Capell, "A dupla face do *hip hop*", *Jornal do Brasil*, 3 maio 2002.

Sem dúvida, a imagem que se formou tingiu os *rappers* com colorações negativas. Afinal,

> os grupos de *hip hop* recheiam suas músicas com letras e sons que sinalizam, expressam e encenam a violência sob suas mais diversas formas, descrevendo com realismo um universo urbano preocupante e ameaçador. [...] essas mesmas músicas são percebidas [...] por críticos musicais em busca de um pouco de excitação no pop [...] e por ouvintes em geral como convites, incentivos à violência.[57]

Não se deve descartar que tais músicas possivelmente ocasionaram uma série de mal-entendidos, considerando-se que a recepção dos ouvintes tem o poder de criar significados para uma obra, porque, igualmente, não são receptores passivos sobre os quais os *rappers* despejariam canções já com uma significação cristalizada[58]. Por vezes, naquilo que os compositores veem experiências de vida, outros enxergam convites e incentivos à violência, motivo mais que suficiente para serem desfavoráveis à circulação do *rap* e de seus discursos radicais. Pelo que indicam algumas fontes (lendo-as a contrapelo, buscando o que dizem até nos seus silêncios), o *rap* poderia ser aceito somente à medida que sofresse uma adequação, uma limpeza/higienização/desodorização do seu discurso.

Era como se o universo do *rap* fosse cindido em duas partes[59], uma boa e outra ruim. Quando Apoenan Rodrigues escreveu que o *rap* ganhava "vida nova", no

---

[57] "A violência e o som de quem não quer implorar", *Valor Econômico*, 5 fev. 2001.

[58] Em relação à recepção, alguns pesquisadores demonstram que o sentido de uma obra não está dado de antemão; pelo contrário, é construído socialmente, inclusive pelo público. Ver, por exemplo, Carlo Ginzburg, *O queijo e os vermes* (São Paulo, Companhia das Letras, 2006), em que o autor analisa como o moleiro Menocchio processou leituras originais de determinadas obras a partir do "choque entre a página impressa e a cultura oral, da qual era depositário" (p. 72-3); e Adalberto Paranhos, "A música popular e a dança dos sentidos", *ArtCultura*, n. 9, Uberlândia, jul.-dez. 2004, que evidencia como as canções não são portadoras de sentidos fixos, congelados no tempo e no espaço. Ver também Raymond Williams, *Cultura e sociedade: 1789-1950* (São Paulo, Companhia Editora Nacional, 1969), p. 305-46, em que se discutem temas referentes à comunicação, transmissão, recepção e resposta, aspectos intimamente relacionados à experiência, pois "não é possível *comunicar* qualquer coisa, ainda quando as técnicas mais avançadas sejam utilizadas, se o que se quer comunicar não tiver a confirmação daquela experiência" (p. 322).

[59] De fato ele era (e é) mesmo cindido, se examinada a complexidade de sua dinâmica interior, sacudida permanentemente por distintos posicionamentos políticos e ideológicos, brigas, rachas, tensões, desentendimentos artísticos, concepções sobre a cultura e o lugar que o *rap* deveria ocupar na sociedade. Não se trata, entretanto, de uma polarização que coloca obras e produtores em campos extremos e incomunicáveis.

início dos anos 1990, era provável que partisse, ao menos parcialmente, de uma visão parecida. Não é à toa que o jornalista atribui a sua "oxigenação" (as palavras são dele) ao *rapper* Gabriel, O Pensador, que "deu personalidade e sofisticação ao ritmo [...] tem humor revezado com imagens irônicas [...] não só massacra a alienação como traz [...] a indignação nacional"[60]. Nada de estranho, não fosse a sua produção visivelmente diferente de grande parte do que era produzido no mesmo contexto, com letras mais amenas, dispensando a postura "raivosa", e construídas com humor, o que o tornou alvo de críticas de vários *rappers*[61].

Aqueles a quem o "extremismo" de muitos *rappers* incomodava profundamente esperavam por discursos mais cordiais, que imprimiriam positividade ao gênero. Um maniqueísmo à flor da pele aparece, de modo indisfarçável, em artigo da *Folha de S.Paulo*: "O Brasil também tem seus ícones do *rap* do bem. Se os Racionais MC's seduzem com letras 'conscientes', mas pecam pela postura radical, existe uma rapaziada pronta para mandar boas mensagens em forma de *rap*"[62]. Mas o que seriam, afinal, essas boas mensagens? O que seria esse "*rap* do bem"? Certamente, tanto a atitude "do bem" quanto a boa mensagem repousam em um tipo específico de discurso, ação e/ou comportamento.

Não cabe, aqui, pensar o complexo universo do *rap* com base nessas formulações simplistas. O problema, no fundo, não se localiza nessa questão. O cerne do assunto está no lado oposto, nas composições de mote polêmico, de teor contestatório, desafiador. O que perturbava (e ainda perturba) muita gente era que "suas músicas, geralmente, fazem o ofício de confessionário do cotidiano violento da favela"[63]. Não fosse a exposição escancarada das fraturas do Brasil contemporâneo promovida por boa parte dos *rappers*, ninguém sairia na defesa de um pretenso *rap* "do bem". Tivesse a maioria um discurso brando e/ou minimamente afinado com

---

[60] Apoenan Rodrigues, "*Rap* ganha vida nova", *Jornal do Brasil*, 12 out. 1993.

[61] Ver, dentre outros, os conflitos registrados no campo musical, notadamente em função das composições "LôraBúrra", de Gabriel, O Pensador, LP *Gabriel, O Pensador* (Rio de Janeiro, Chaos, 1993), e DF Movimento, "Pare pra pensar", LP *Pare pra pensar* (Brasília, TNT Records, 1994), em que Gabriel é questionado por suas declarações em relação às mulheres: "não vou dizer que todas são inteligentes/ mas eu penso que homens e mulheres têm defeitos/não se mede uma pessoa pela cor do seu cabelo/tanto louro quanto negro/não tiro, eu respeito/[...] pare pra pensar, Pensador/e note que as mulheres também/ têm o seu valor/ pare pra pensar, Pensador/e note que as mulheres também/ têm o seu valor/pare pra pensar, Pensador/e note que as mulheres também/ têm o seu valor".

[62] "Brasil também tem turma do bem", *Folha de S.Paulo*, 22 jul. 1996.

[63] "A violência e o som de quem não quer implorar", cit.

a manutenção da ordem social, talvez não se acreditasse um dia que o *rap* pudesse "ser objeto de um enorme mal-entendido na sociedade"[64], na medida em que ao invés de contribuir para o ordenamento social, incentivaria a violência, o crime e a desavença entre classes.

Mal-entendidos à parte, os petardos discursivos dos *rappers* expunham uma dimensão chocante da realidade brasileira, uma leitura que muitas pessoas não compartilhavam. Não que desconhecessem ou ignorassem os problemas levantados pelos *rappers* em suas composições, mas as abordagens e perspectivas por eles defendidas é que eram, em muitos casos, pela sua crueza, bastante constrangedoras para certos grupos sociais, particularmente a burguesia[65]. É assim que as representações do(s) *rap(s)* ganharam feições ficcionais, um aviso do tipo "olhe, não é bem assim". O trecho a seguir, que compara as produções musicais do gênero com o estilo de filmes com referências socialmente reconhecíveis, é um bom indicador disso: "da mesma forma como os diretores de cinema empregam vilões exagerados para justificar seus sangrentos efeitos especiais, os *rappers* recorrem às baixarias na esperança de ficar à altura da intensidade das batidas da música"[66].

Devidamente descontados os exageros, a mensagem endereçada ao ouvinte visa alertá-lo para as durezas e asperezas da vida:

Saía cedo sem sentir o gosto do trigo
Quase não tinha mais força nem pra estudar
Será que a hora do recreio nunca vai chegar?
[...]
Menino Cachorro Doido

---

[64] Idem.

[65] A responsabilização do outro pelos males sociais constitui um dos elementos sempre presentes no debate dessa questão, como revelam algumas canções: "pouco importa, meu irmão/se você é negro ou não/provavelmente você seja o próximo da lista/não estou sendo [parte não identificável] ou tão pessimista/é só parar, notar, olhar e ver/ não precisa ser esperto para perceber [...] fazem questão de nos deplorar, matar/jogar no lixo/então se defenda, caso contrário/a burguesia faz questão de nos pôr de lado", em Sistema Negro, "Burguesia", LP *Ponto de vista* (Campinas, M.A. Records, 1994); "burguesia do caralho/[...]/ vocês produzem a miséria/e nos impede de chegar a nível social", em De Menos Crime, "Burguesia", CD *Na mais perfeita ignorância* (São Paulo, Kaskata's, 1995); "quem sabe o excluído/invada sua fazenda/te dê facada, te ponha uma venda/e assim você entenda/[...]/4 da manhã esmagado no busú até o centro/pra no final do mês não ter um grão de alimento/caixão lacrado, Glock no doutor/a luz do fim do túnel apagou", Facção Central, "Sem luz no fim do túnel", CD *A marcha fúnebre prossegue* (São Paulo, Discoll Box, 2001).

[66] "Incendiário *rap*", *Jornal da Tarde*, 29 jun. 1990.

Seu apelido era esse, mexia em lixeiras
Não perdia de quinta a domingo na feira
Verduras, frutas estragadas
Em sua casa entregues a sua mãe,
A janta vai ser preparada
Ele não tinha pesadelos com Bicho Papão
Sua quimera era a fome que arrochava, irmão[67]

A violência (física, psicológica, simbólica), o português coloquial e as palavras de "baixo nível" eram motivo de incômodo. "As letras [que], a princípio, parecem não exceder o palavrório moral, chocante e violento"[68], são a expressão de uma pesada experiência social sob a ótica de pessoas integradas de forma perversa à ordem social capitalista. Não devem, portanto, ser confundidas/mostradas como obras meramente ficcionais. Durante todo esse processo histórico em que os *rappers* reiteraram que "não somos aquilo que vocês dizem"[69], o que é tomado por exagero no âmbito das críticas foi encarado como retrato quase cristalino da realidade.

As memórias erigidas pelos *rappers* desembocaram numa espécie de memória-experiência. Uma memória, diga-se de passagem, urdida em narrativas complexas e ricas, embora não possam ser encaradas "como reflexo exato do que realmente aconteceu"[70]. Em todo caso, esses apontamentos de memória geraram uma nova situação, da qual emergiu uma tensão de que não se furtaram, participando do campo de batalhas e de lutas das representações construídas sobre a prática que tanto valorizavam e na qual acreditavam. Defenderam sua criação artística e creditaram sua não aceitação por alguns setores da sociedade ao fato de que

A frequência desse pensamento
Não pode ser captada
Com perfeição
Por um receptor enferrujado
Pelos padrões do dia a dia.[71]

---

[67] Álibi, "Cachorro doido", CD *Pague pra entrar e reze pra sair* (Brasília, Discovery, 1997).

[68] Pedro Alexandre Sanches, "Grupo de *rap* desenha testemunho imaturo, mas de peso social e ético", *Folha de S.Paulo*, 20 ago. 2001.

[69] Radicais de Peso, "A real", LP *Ameaça ao sistema* (São Paulo, Kaskata's, 1992).

[70] Robert Darnton, em seu *O grande massacre de gatos* (Rio de Janeiro, Graal, 1986), lembra que narrativa alguma é um reflexo cristalino da realidade social (p. 107).

[71] B. Negão & Os Seletores de Frequência, "Enxugando gelo", CD *Enxugando gelo* (Niterói, 2003, independente).

No fim das contas, é óbvio que não fizeram coro com seus críticos e/ou aqueles que tentaram desclassificá-los. Sob o ponto de vista desses *rappers* engajados e "autênticos",

> A minha revolta é com os bico
> Que pensa que somos gringo
> Fazendo *rap* por moda
> Pra mim tudo isso é ridículo.[72]

---

[72] 9mm, "Direito de resposta", CD *Sem luta não há vitórias* (Valinhos, É Nóis na Fita, 2006).

A CONSTRUÇÃO DO SUJEITO ENGAJADO

Para nos lançarmos à reflexão acerca de uma prática cultural, é preciso passar pelos sujeitos que a constituem e que a ela dão sentido. Cabe ressaltar que, em alguns casos, certos percursos são inviáveis, em função da amplitude do tema trabalhado, das fontes disponíveis e de outros complicadores. Neste livro, em particular, não foi possível – e nem era a intenção – recuperar trajetórias individuais de artistas, compositores ou intérpretes. No entanto, impunha-se a atenção a algumas questões que voltavam o raio de visão para os sujeitos e as representações que elaboraram acerca deles mesmos e da prática cultural com a qual se envolveram[1].

Em parte considerável dos documentos de que disponho – canções, entrevistas, depoimentos, manifestos, cartazes –, foi perceptível a construção de uma atitude engajada, de um posicionamento crítico e de uma postura de protesto em suas ações, músicas e comportamentos. Os *rappers*, nesse sentido, acabaram por consolidar representações que foram fundamentais na recepção de suas obras, criando, ao mesmo tempo, valores que se constituíram em balizas para a sua produção. Boa parcela deles se entregou à tarefa de legitimar suas produções como expressão de atitudes críticas, atreladas a experiências, valores e posicionamentos ideológicos que foram logo tomados como instrumentos de formação de opinião. Assim, influenciaram o modo de pensar e agir de agentes sociais que lhes foram contemporâneos e que passaram a compartilhar da noção de que a cultura *rap* tem

---

[1] A historiografia tem mostrado a pertinência de se pensar artefatos culturais a partir do tripé autor, obra e contexto. Ainda que reconhecida a preocupação com todas essas dimensões, por vezes não é possível adentrar em detalhes nos meandros de cada uma, o que não invalida necessariamente o resultado de um trabalho. Pode-se aferir isso, por exemplo, de Robert Darnton, *Edição e sedição* (São Paulo, Companhia das Letras, 1992), em que o autor privilegia obra e contexto.

ação político-pedagógica, cujos objetivos incluem fazer "enxergar as coisas de um modo mais crítico e ao mesmo tempo esperançoso [...] passar uma mensagem de protesto com o intuito de obter algo melhor lá na frente"[2].

Esse modo de pensar o papel da própria arte/música tornou-se hegemônico entre os *rappers*. Os que não se sintonizavam (ou que diziam não se sintonizar) ou não corroboravam explicitamente com a ideia de uma cultura engajada não mereciam a chancela de qualidade e "autenticidade" que aos poucos ganhava corpo[3]. Não eram, portanto, considerados como "legítimos" adeptos e produtores do "verdadeiro" *rap*, algo que demandava o atendimento de certos requisitos básicos, entre eles a adoção de uma postura crítica, séria e engajada:

> Agora inventa de cantar
> Diz que é um MC
> Vai botar para quebrar
> Mas seu *rap* é estúpido
> Não tem nenhuma mensagem
> [...]
> Ele finge não me ouvir
> Pois não quer me entender
> Será que ser otário
> É o que lhe dá muito prazer?
> [...]
> Pois é, melô, você vai ter que mudar
> Vai ter que deixar de ser assim
> E vai ter que inovar

---

[2] Binho, do grupo soteropolitano Suspeitos 1, 2, em entrevista ao blog *Hip Hop Alagoas*, disponível em: <hiphop-al.blogspot.com>.

[3] A preocupação dos *rappers* com o conteúdo das músicas assumiu, em alguns casos, a forma de uma "patrulha" musical e ideológica: "em vez de lutar contra a babilônia, estão jogando o jogo do sistema, que manipula os caras e eles nem percebem", Gaspar, do grupo Z'África Brasil, citado em Fernanda Mena, "Corrente diz que movimento está perdendo a sua essência", *Folha de S.Paulo*, 22 jan. 2001. De uma entrevista realizada com o grupo Ministério da Favela, de Salvador, depreende-se que a postura engajada emerge nas entrelinhas como uma "essência" desse universo cultural: "Qual a importância da letra no *rap* para vocês?/MF: Pô, parceiro, para nós o *rap* tem que ter letra, tem que ser um bagulho bem rimado, o *beat* também conta muito, mas o principal são as letras, tô vendo muito grupo se deixando levar, fazendo letras indecentes", *OrigenRap*, maio 2008, disponível em: <origenrap.blogspot.com>. "Independentemente do que venha a acontecer com *samplers* e bases, para Hood o que deve ser realmente preservado no *rap* é o discurso, a atitude. 'Isso é aquilo que a gente vive, é de verdade, não é só da boca pra fora'", em Rodrigo Dionísio, "'*Rap* não é som de ladrão', diz Rappin Hood", *Folha de S.Paulo*, 4 jul. 2001.

Não alisar mais o [ca]belo
Não rebolar mais pra dançar
E só ser um MC
Depois de se informar
Pra não falar besteira
Bobeira, asneira
No *hip hop* a coisa é séria, cara
Não é brincadeira.[4]

O que temos aí nada mais é do que um exemplo da maneira inventada pelos *rappers* para caracterizar suas produções musicais e, por consequência, a si próprios. Nota-se com clareza o peso que a "mensagem" (isto é, a articulação de ideias e acontecimentos que se quer comunicar) adquire nesse universo cultural. Esse meio passou a não ser o lugar para atitudes amenas e despreocupadas[5]. Nada de besteiras e coisas irrelevantes: a principal preocupação de um compositor de *rap* deveria ser a informação, a denúncia, o protesto; em suma, o engajamento. O que diz o *rapper* Mano Brown, ao apresentar ao público o grupo Conexão do Morro, ilustra bem essa postura:

[ele] abre mais um capítulo na história do *rap*, ou do *hip hop*, como muitos preferem chamar. Pra mim é indiferente; é que nem falar preto e negro: pra mim é indiferente. Importante é o que eu sou, o que o *rap* representa, a mensagem. A mensagem é maior do que tudo, é maior do que eu, é maior do que as roupas, é melhor do que quem tá recebendo o aplauso. A mensagem, ela é tudo. E é mais do que tudo.[6]

---

[4] Doctor MCs, "Melo (o largatixa)", CD *Pra quem quiser ser* (São Paulo, Kaskata's, 1994). Lagartixa, na gíria adotada pelos *rappers* no início dos anos 1990, era a pessoa que rebolava no momento da dança. Ver ainda "*Rappers* ganham oficina grátis em Diadema", *Folha de S.Paulo*, 17 set. 1993.

[5] Ao longo deste trabalho, deparei com vários exemplos dessa ideia do *rap* como uma música dotada de mensagem, conteúdo e informação, evidenciando também como essa noção fez escola e perdurou por anos. Embora mais de uma década separe a canção do Doctor MCs da sessão de improvisos (quando, sobre uma base musical, é criado um *rap* de modo improvisado) com os *rappers* Vinição, HD, Zip e Dim, a linha de argumentação empregada por um deles é semelhante: "esse cara aqui é um carta branca/eu vou mandando na moral/ele fica rebolando/parece o Sidney Magal/[...]/você não é MC/tá mais pra animador de plateia/parceiro, você não manda uma rima que presta/[...]/ é isso que é *flow*/e não acabou/é conteúdo/parceiro, isso é coisa de estudo/[...]/ foi boa a aula/hoje eu sei que você/sabe o que que é *rap*", em Vinição e HD *versus* Zip e Dim, *Duelo de MCs*, Belo Horizonte, 8 maio 2009.

[6] Conexão do Morro, "Intro", CD *Ao vivo* (São Paulo, s/d, independente).

Àqueles que não se enquadravam nessa perspectiva restavam colocações depreciativas, a pecha de aproveitadores não sintonizados com a "essência" do *rap*:

> Porque não tem ideologia para defender, não sofreu porra nenhuma, não sabe qual que é, entendeu? [...] eu já vi muitos pilantras já ser aplaudido; se até Hitler foi aplaudido, então, eu não me surpreendo com mais nada, certo? [...] subir no palco e ser aplaudido é o acaso, qualquer um pode fazer isso. Tem que ver o dia a dia, tem que ver a caminhada, a resistência [...] quem vai aguentar.[7]

Assim, uma vez mais, temos uma ação discursiva que corrobora com a ideia de que "o *rap* é uma arma, certo? *Rap* não é roupa brilhando, não, nem corrente de ouro. *Rap* é uma arma. É a arma pra você se vingar dos puto. É a melhor arma. É isso que eu faço"[8].

Nesse campo cultural o que importava, acima de tudo, eram os significados e o alcance sociais das canções. Não que as outras dimensões dessa arte não fossem importantes, porém à mensagem reserva-se um lugar especial, o centro das atenções.

Noutros termos, para muitos *rappers*, a intervenção social de sua música seria bem mais relevante do que os projetos estéticos incluídos na dinâmica de sua arte ou do que tudo que se relacionasse mais especificamente ao seu fazer musical. Ao serem questionados sobre a música que produziam, os componentes do grupo Consciência Humana prontamente destacaram sua dimensão política e social como prioritária. Pelo modo vago como a pergunta foi feita, poderiam responder que o objetivo de suas canções consistia também – como se percebe em suas gravações – em explorar novos timbres, operar misturas inéditas de gêneros, realizar experimentações que cruzassem o eletrônico (*samplers*, baterias eletrônicas) com o orgânico (utilizando-se de violão, baixo e metais não sintetizados de maneira eletrônica), tudo isso somado para atingir um novo patamar de musicalidade dentro do *rap*. Todavia, o diálogo dos *rappers* com o entrevistador não denuncia nada disso:

> Buzo: O que pretendem atingir com sua música?
>
> Aplic: Usamos nossa música como protesto, é o veiculo que temos, ele alcança a maioria, pode não chegar na mídia, mas tenho certeza que no gueto chega.[9]

---

[7] Idem.

[8] Idem.

[9] Aplic, do grupo Consciência Humana, de São Paulo, em entrevista concedida a Alessandro Buzo para o site *Enraizados*, 25 jan. 2007, disponível em: <enraizados.com.br>.

Nas representações do *rapper* como sujeito engajado, até mesmo quando as perguntas eram orientadas para a questão musical/estética, do entretenimento ou da diversão, operava uma retórica que estabelecia a primazia da crítica, do discurso contundente e da pregação da necessidade da transformação social por meio da cultura. Quando GOG foi elogiado pelo fato de "não perder o lance da musicalidade, não perder o lance do *swing*, de trazer pra dentro das casas das pessoas uma música que faça com que elas se divirtam", sua resposta colocou essas questões como secundárias em relação à letra/mensagem[10]. Para ele, as bricolagens[11] processadas nos encontros do *rap* com o rock, o samba, a *black music* estadunidense e outros gêneros musicais assumiam importância e legitimidade desde que vestissem de forma apropriada as letras. Parte de sua fala ilustra essa concepção:

> usei uma guitarra distorcida. É produção do Ariel Feitosa, e ali, tava, sabe?, era a roupa da verborragia daquele texto, entendeu? [...] mas o mais importante dali é falar assim, ó: [...] é o seguinte, o movimento social brasileiro, o *rap* brasileiro, independente de ser o GOG, nós nos posicionamos e nós não concordamos [...] e nós vamos contar pra todo mundo.[12]

Evidentemente, a música não é desimportante, porém, na ótica de muitos *rappers*, ela deve estar atrelada a uma identidade capaz de regular as demandas do fazer musical *rap*. Embora, como visto, o *rap* não deva ser pensado como um movimento homogêneo, pode-se ver que até mesmo entre os divergentes existem, eventualmente, umas tantas convergências.

Ainda que as experiências históricas tenham sido vividas de maneira particular, elas fizeram emergir sentimentos comuns em muitos integrantes da cena *rap*. Em última instância, uma "estrutura de sentimentos"[13] atuou como catalisadora na formação de representações do mundo social e fomentou uma ideia que conduziu *rappers* de todos os pontos do país a reivindicar para si e sua cultura musical um

---

[10] A mensagem, ao contrário do que possa parecer, não é, a rigor, somente a letra, o verbal. Ela incorpora parte da sonoridade, pois algo muito comum no *rap* consiste no diálogo entre letra e ruídos, sons e citações musicais. Entendo letra como um discurso em que o verbal sobressai, ainda que esteja em diálogo com elementos sonoros.

[11] Sobre a noção de bricolagem, hibridismo cultural e assuntos semelhantes, ver Néstor García-Canclini, *Culturas híbridas* (São Paulo, Edusp, 2003).

[12] GOG em entrevista concedida à rádio 457 FM, de Porto Alegre.

[13] Para desdobramentos do conceito e suas possibilidades de uso, ver Raymond Williams, *Marxismo e literatura* (Rio de Janeiro, Zahar, 1979), *Campo e cidade* (São Paulo, Companhia das Letras, 1989), e *Tragédia moderna* (São Paulo, Cosac Naify, 2002).

importante papel social: era a música dos que não se omitiam. O *rapper* seria, então, não apenas um músico, mas um agente da transformação social que, por meio de *beats* e rimas, entrava em cena[14]. Construíram, passo a passo, a imagem da cultura que resgata, da "verdade que liberta"[15]:

> o *rap* me ofereceu acesso à cultura, à informação. E aí tá o diferencial, a transformação tá justamente no acesso à informação, no acesso à cultura. E o *rap* abriu essa porta. Então, através dele eu tento ser uma ferramenta que desperte isso no cara que tá ouvindo, entendeu? Mostrar pra ele que a luta que a gente tem de travar [...] é uma luta na política, entendeu?, através da informação. Adquirindo essa informação, nós vamos entender a necessidade de representantes genuínos na periferia.[16]

Vale repetir que essa ideia do *rap* como música engajada, que tanto revela o engajamento do sujeito que a produz como tem o poder, em tese, de levar essa postura aos que a ouvem, tornou-se hegemônica. De um lado, pelo que era expresso nas composições e, de outro, pelo trabalho de propagação assumido pelos próprios *rappers*, ao defenderem esse ponto de vista como uma questão-chave de sua prática sociocultural[17]. Não que falassem em engajamento – esse termo não é usado na maioria dos casos –, mas mantinham um discurso afinado com a síntese proclamada pelos *rappers* do Clã Nordestino:

> Arte pela arte
> Nunca, não
> Nunca, não
> Engajado desde o berço
> Não esqueço de onde vim

---

[14] Prova disso é que não perdiam a oportunidade de reiterar que, "no Brasil, o cara tem a preocupação de levar uma mensagem, de levar um alento pro cara que vai escutar, tá ligado?, de tentar dizer pro cara que não é bem assim", Macarrão, depoimento em *Fala tu* (dir. Guilherme Coelho, Rio de Janeiro, Matizar e Videofilmes, 2004).

[15] Nega Gizza, "Verdade que liberta", CD *Na humildade* (Rio de Janeiro, Chapa Preta, 2002).

[16] Entrevista com Carlos Eduardo Taddeo concedida a Ferréz no Bar do Saldanha, em São Paulo, e exibida no dia 10 dez. 2008 no programa *Manos e Minas* da TV Cultura.

[17] Num caso limite, um *rapper* negou a identidade de artista/músico para se colocar como um interventor social que age a partir da palavra, da formação e propagação de opiniões: "Não sou um cantor de *rap*, mas um escritor que fez um disco de *rap*. Nem queria fazer show, acho que é entretenimento demais. Não acredito, prefiro palestra", Ferréz em Pedro Alexandre Sanches, "Ferréz estreia no *rap* avesso ao sucesso", *Folha de S.Paulo*, 16 mar. 2004.

Minha rima não tem preço
Tem começo, meio e fim.[18]

É o caso de destacar que se trata de um tipo de engajamento com cartilha própria, preocupado com as demandas que são pensadas e gestadas no interior de um segmento da sociedade com o qual os *rappers* têm relação orgânica. O estatuto desse engajamento, em geral, se apoia no fato de que "sempre buscamos tratar de temas políticos e sociais em nossas músicas"[19]. Dizer, portanto, que a linguagem e a prática pela qual se exprimem são engajadas equivale a reconhecer que estão estritamente associadas à política. Não que os *rappers* ajam politicamente no sentido tradicional do termo (partidos, instituições, representatividade em órgãos ou instâncias do "exercício do poder"). Denis, ao discutir o engajamento na literatura, afirma que "um escritor engajado seria, em resumo, um autor que 'faz política' em seus livros"[20], raciocínio que considero igualmente apropriado para se pensar o *rap*.

***

A concepção de engajamento forjada pelos *rappers* e para os *rappers* desmonta qualquer possibilidade de enquadrar o sujeito engajado como defensor de uma causa clara, bem definida, em um tempo e lugar delimitados. Assim, designa um vasto leque de produções com alcance político e não exclusivamente devotadas ao combate ou com a finalidade de promover controvérsias, fazendo com que toda obra seja portadora de um mínimo de compromisso com os desafios de seu tempo e propondo uma leitura que, sob vários aspectos, dá forma e sentido à realidade.

Desde aquele que acredita "em um bom som nacional/que aponta um ideal"[21], passando pelos que entendem que "não posso dar as costas/se o problema mora aqui"[22] até ao que proclama que "estou aqui para defender os direitos do proletariado brasileiro"[23], todos são engajados. Essa acepção ampla e flexível acolhe um vasto número de compositores, que se preocupam com a vida social e sua organização,

---

[18] Clã Nordestino, "Locomotiva da figa", CD *A peste negra* (São Luís, Face da Morte, 2003).

[19] Débora, do grupo APP *Rap*, citada em Elenita Fogaça, "Jovens ganham incentivo à ação social", *O Estado de S. Paulo*, 13 jan. 2000.

[20] Benoît Denis, *Literatura e engajamento: de Pascal a Sartre* (Bauru, Edusc, 2002), p. 9.

[21] GOG, "Dia a dia da periferia", CD *Dia a dia da periferia* (Brasília, Só Balanço, 1994).

[22] DMN, "H.Aço", CD *H.aço* (São Paulo, independente, 1998).

[23] Garnisé, *rapper* do grupo Faces do Subúrbio, de Recife, em *O rap do pequeno príncipe contra as almas sebosas* (dir. Marcelo Luna e Paulo Caldas, Brasil, Raccord, 2000).

propagandeiam sua adesão a valores como a justiça e a liberdade, contestam ou denunciam as desigualdades e se opõem ou tecem críticas pontuais aos poderes constituídos. Ficam de fora, entretanto, os que "no *rap* quer[em] pegar as minas, enrolar a seda e tomar *champagne* [...] usar um cordão de ouro, [aqueles pra quem] o moleque da favela não está nos planos"[24].

O engajamento no *rap* se espraia em um conjunto de ações, valores, práticas e discursos que estendem seu raio de ação às relações entre música e sociedade, entre cultura e política. A construção do sujeito engajado se efetua por meio do compartilhamento da visão segundo a qual o músico, graças às suas obras, participa de modo direto e pleno do processo social: "o *rap* tem um discurso que os outros [gêneros musicais] não têm [...] o *rap* é social"[25], garante Rappin Hood. Isso instaura um vínculo entre compositor, canção e realidade social que faz com que o autor não pense a própria obra como um fim em si mesma ("a arte pela arte" que os *rappers* do Clã Nordestino insinuam desprezar), mas como instrumento, em princípio, que extrapola largamente a música. É por isso que vez ou outra apareceram afirmações que, distintas na forma porém essencialmente semelhantes, sustentam que

> o *hip hop* sempre será a música de protesto contra as desigualdades sociais. E não é só a gente que faz isso. Não nos esqueçamos que Mièle compôs um *rap* em 1980, extremamente crítico ao sistema. E [que] Bezerra da Silva emplacou seu trabalho em meio à discriminação que sofria no Rio de Janeiro. Somos como ele.[26]

O engajamento do *rap* implica, pois, em empenhar a voz em questões que afetam a coletividade. No ato de engajar-se, o *rapper* coloca em jogo sua credibilidade e reputação, aceitando as sanções e assumindo a responsabilidade que essa escolha envolve:

O *rap* veio pra denunciar
Bater de frente
Não importa se eles vão falar

---

[24] Entrevista com Pregador Luo, *RapNacional*, 11 mar. 2003, disponível em: <rapnacional.com.br>.
[25] Antônio Luís Júnior, o Rappin Hood, citado em Thiago Ney, "Rappin Hood lança segunda parte de trilogia", *Folha de S.Paulo*, 8 abr. 2005.
[26] Thaíde, citado em Paulo Santos Lima, "Dupla de *hip-hoppers* ataca sistema com ritmo dançante", *Folha de S.Paulo*, 7 fev. 1998.

Que nóis é apologia
Inda tem sangue voando nos para-brisa[27]

Seu compromisso social foi e é constantemente reiterado em falas, textos, entrevistas e, sobretudo, nas letras das músicas. Uma delas, na tentativa de explicar o *rap* e o seu sentido, reforça o caráter de defesa do interesse coletivo por parte dos *rappers*:

O esquema?
Superar o sistema
A nossa missão?
Conquistar melhorias
Para o povo da periferia:
Escolas, alimentos,
Vida digna pro nosso povo
Abrir os olhos dos manos
Que estão desandados
Na vida do crime.[28]

Em vez de se recolherem simplesmente à condição de vítimas do sistema, é possível identificar até certo orgulho nos *rappers* engajados, se levarmos em conta sua autorrepresentação e a função social que se atribuem, de serem "'a consciência de plantão da periferia', diz Eazy Jay, 25, líder do Comando DMC, grupo nascido na zona sul da capital [paulista] e agora residente na cohab de Itapevi, cidade da Grande São Paulo"[29].

Independentemente disso, os *rappers* se colocam também como excluídos, como vitimas da opressão, da miséria e do preconceito. O *rap* apareceu para eles como uma alternativa de ação social, um ponto de convergência entre o individual e o coletivo. Sobre essa escolha, um membro do grupo Corpo Fechado se posiciona da seguinte forma: "A outra alternativa seria sofrer o que a gente sofre todo dia e ficar calado. Com o *rap* a gente bota os pensamentos pra fora, reflete, se indigna, protesta"[30]. Vemos aí que tal opção requer iniciativa e comporta uma visão de

---

[27] Realidade Cruel, "A favela chora", CD *Dos barracos de madeirite... aos palácios de platina* (São Paulo, 2008, independente).
[28] Circuito Negro, "Introdução", CD *Retrato da periferia* (Sobradinho, CD Box, 2001).
[29] Xico Sá, "*Rap* ocupa espaço dos políticos na periferia", *Folha de S.Paulo*, 28 jan. 1996.
[30] Jorge Luis Constante Berillo, do grupo carioca Corpo Fechado, citado em Israel Tabak, "*Hip hop*: a 'revolução silenciosa' que mobiliza as favelas", *Jornal do Brasil*, 17 jun. 2001.

mundo, uma postura ética, um posicionamento que não se rende ao silêncio, à resignação de sofrer calado.

Ao realizar uma discussão sobre práticas engajadas no campo literário (mas que ajuda a refletir em torno do engajamento na música e em outras expressões culturais), Benoît Denis passa em revista algumas ideias a respeito do assunto. Uma delas calca-se nas reflexões de Jean-Paul Sartre, que considera o engajamento como um fenômeno historicamente situado, ligado a uma literatura produzida no pós-guerra, que se ocupou de questões políticas e sociais:

> engajar-se significa também tomar uma direção. Há assim no engajamento a ideia central de uma escolha que é preciso fazer. No sentido figurado, engajar-se é desde então tomar certa direção, fazer a escolha de se integrar numa empreitada [...]. Por conseguinte, e sempre de modo figurado, engajar-se consiste em *praticar uma ação*, voluntária e efetiva, que manifesta e materializa a escolha efetuada conscientemente.[31]

Esta é uma primeira acepção, a partir da qual o autor propõe uma elaboração do conceito como algo mais amplo. Isto é, capaz de conceber o engajamento *lato sensu*, tomando todo posicionamento como um ato engajado, indiferente à maneira de se posicionar politicamente. Nesses termos, faz-se necessária uma distinção entre engajamento e militância, como salienta Denis:

> a primeira vem à política porque é nesse terreno que a visão do homem e do mundo do qual ela é portadora se concretiza, enquanto que a segunda já é desde o início política. Também o escritor engajado é, por fim, raramente filiado a um partido e se sente muito pouco como o porta-voz de uma doutrina política; os seus textos, antes, manifestam as contradições e as dificuldades de uma empreitada onde a política, avaliada pelo lado da moral, aparece, frequentemente, mais como um mal necessário do que como uma escolha positiva.[32]

Disso decorre que o engajado não é necessariamente militante, pois pode-se muito bem abordar, em dada atividade ou prática cultural, questões de ordem social, política e econômica sem articular a isso um projeto político específico de transformação social. É importante que as coisas fiquem claras. Nessa ótica, as canções citadas neste livro são engajadas, uma vez que estão sintonizadas com a atmosfera sociopolítica de seu tempo, sem, contudo, ligar-se organicamente aos movimentos sociais organizados, aos partidos políticos, a teorias/doutrinas que

---

[31] Benoît Denis, *Literatura e engajamento*, cit., p. 32.
[32] Ibidem, p. 35-6.

prenunciam transformações e/ou orientam determinadas visões de mundo. Seu engajamento adquire, em regra, uma conotação mais genérica:

> Já cansei de perder
> Esse jogo de zero
> Por que não sou artista
> Sou um *rapper* ativista
> E minha luta
> Ela se chama justiça.[33]

A atuação dos *rappers* adquire, assim, um sentido difuso, por mais que estejam preocupados em saber

> Quando será
> Que os relógios da vergonha
> E da justiça
> Irão acertar as horas.[34]

Essa noção de engajamento concebe como engajado aquele que se põe a tratar dos temas de seu tempo, das vicissitudes da própria sociedade em que vive e emite um juízo em relação a isso. Em certo sentido, o engajamento é, como ressalta Dias Gomes[35], ao abordar o tema relacionando-o ao teatro, uma prática de liberdade para expressar-se de acordo com sua consciência. Pouco importa se o posicionamento, neste caso, é a favor, contra ou transite entre esses dois polos; o engajamento está mais ligado à liberdade e à responsabilidade pelas opiniões emitidas e posições bem marcadas.

Essa tomada de posição pode inclusive se dar de maneira não intencional, e o engajamento pode ser discutido mesmo que o autor não se considere engajado, tampouco a própria obra. Vale destacar isso para salientar que o engajamento não depende necessariamente do autorreconhecimento dos autores tidos como engajados. O *rapper* Macarrão, por exemplo, chega a dizer que "eu não faço música de protesto [...] tá ligado? Eu não quero protestar, esse negócio de protesto, conversa fiada"[36]. Suas composições e performances em shows, entretanto, deixam eviden-

---

[33] Professor Pablo, "Sentença", CD *Estratégia* (São Paulo, 7 Taças, 2002).
[34] Thaíde e DJ Hum, "Brava gente", LP *Brava gente* (São Paulo, 1994, independente).
[35] Dias Gomes, "O engajamento é uma prática de liberdade", *Revista Civilização Brasileira*, Rio de Janeiro, n. 2, jul. 1968.
[36] Depoimento de Macarrão em *Fala tu*, cit.

tes as marcas do engajamento *rap*, pois ele está afinadíssimo com a proposta do engajamento sociocultural defendida por tantos outros artistas, como é possível notar quando justifica uma de suas composições, que se resume à denúncia dos abusos contra as pessoas que têm familiares detentos e os visitam nos presídios:

> Porra, por quê? Tenho um irmão que já morreu, tá ligado?, que a gente ia visitar muito ele e o ritmo era esse. Os caras [que trabalhavam no sistema prisional] já querem esculachar os parentes pra você não voltar lá, tá ligado? [...] se tu voltar, demorou! Mas se não voltar, melhor pra eles, o cara fica lá abandonado a mercê deles mesmo, esculachado direto.[37]

O que pode ser percebido é que suas músicas, embora ele tente se desvencilhar da identidade de *rapper* engajado (ou que protesta), se ligam a dilemas vivenciados por amplos setores da sociedade brasileira, o que o coloca em rota de colisão com o estado de coisas da realidade social com a qual dialoga. As denúncias, os posicionamentos adotados e o compromisso social claramente identificado ("música de gueto, né, mano?, música de favela, música de periferia, é o que a gente faz"[38]) trazem embutidos a impossibilidade de ver suas canções pelo prisma da neutralidade ou do alheamento:

> Bato de frente com o bonde do *stress*
> A nobreza aplaude e agradece
> A cada pobre que perece
> Tombados a tiros de AK-47
> [...]
> Brasil, moleque fora da escola
> No início um saco de cola
> Aos doze tá de pistola
> Oito horas o jornal traz a manchete
> O mesmo moleque tá na favela
> De AK-47[39]

Abro um parêntese para lembrar que, à semelhança do que mostra Dias Gomes, o mesmo se deu com a obra dos teatrólogos Jorge Andrade e Francisco Pereira,

---

[37] Idem.

[38] Depoimento de Macarrão em *Minha área* (dir. Emílio Domingos, Cavi Borges, Gustavo Melo e Gustavo Pizzi, Rio de Janeiro, 2006).

[39] Música de Macarrão registrada em show e incorporada ao documentário *L.A.P.A.*, cit.

que se autoproclamam não engajados, mas que, "pelo conhecimento que trazem da realidade brasileira (e conhecer uma realidade é denunciá-la com seus erros e injustiças), é, queiram ou não, [arte] engajada"[40]. O autor argumenta que ser engajado não significa vincular-se a uma militância política específica, filiada a um partido, ou fazer parte de uma organização ou agrupamento revolucionário. E frisa que esse engajamento não precisa derivar de uma proclamação expressa do autor. A partir do que fala, do que faz, do seu comportamento, de sua inserção social, da sua vida pública, é possível aferir seu posicionamento, que até pode contradizer suas declarações (como é possível notar no caso de Macarrão ou dos homens do teatro mencionados por Gomes).

Nesse sentido, a mera

> convocação de um grupo de pessoas para assistir a outro grupo de pessoas na recriação de um aspecto da vida humana é um ato social. E político, pois a simples escolha desse aspecto da vida humana, do tema apresentado, leva o autor a uma tomada de posição. Mesmo quando ele não tem consciência disso. Claro que podemos generalizar, em qualquer arte o artista *escolhe* o seu tema. E, no mundo de hoje, escolher é participar. Toda escolha importa tomar um partido, mesmo quando se pretende uma posição neutra, abstratamente fora dos problemas em jogo, pois o apoliticismo é uma forma de participação pela omissão.[41]

Como nessa concepção de engajamento todo ato acaba, por várias vias, por se revelar um ato engajado, é preciso admitir a existência de escalonamentos de ações e posicionamentos dos homens em diversos graus. É o que sublinha Roberval Santos, após analisar as concepções de engajamento em Camus, Sartre e Gramsci:

> Com a noção de grau estabelecida, pode-se conceituar os casos particulares: chama-se "revolta" o mais alto grau (ou extremo superior) de uma escala de engajamento e de "conformismo" o seu mais baixo grau (ou extremo inferior). [...]

> Revoltar-se ou conformar-se é uma tentativa unilateral de eliminar um nível ou aderir a outro, mas toda a cadeia é rígida o suficiente para não permitir qualquer emancipação completa. Não se trata, obviamente, de uma cadeia de reflexos condicionados, até porque os agregados e os indivíduos têm certa liberdade de ação, mas, sem dúvida, há

---

[40] Dias Gomes, "O engajamento é uma prática de liberdade", cit., p. 15.
[41] Ibidem, p. 10.

um movimento que impede cada um de nós de manter-se indiferente aos conflitos que essa hierarquia gera e exprime: somos, sim, compelidos a engajar-nos.[42]

Ainda nessa perspectiva, é pertinente recorrer a Landsberg, que, num estudo pioneiro sobre essa temática, apreende a ideia de engajamento como algo heterogêneo. Em suas palavras, "eu próprio digo que *há uma* pluralidade de engajamentos, que presenciamos uma guerra de engajamentos diversos e opostos na realidade de nosso mundo"[43].

Essas reflexões põem à mostra a complexidade do conceito. Uma concepção um tanto alargada do termo pode parecer, num primeiro momento, genérica e trivial, ao admitir que todo ato carrega consigo certo engajamento. Porém, esse tipo de construção conceitual possibilita fazer o olhar incidir nas dissonâncias, nos aspectos de uma política do cotidiano, instaurada em nível micro, nos pequenos atos. Entendo que com ela é possível caminhar no sentido oposto de determinadas noções ortodoxas de engajamento, como em um caso apontado pelo historiador Eric Hobsbawm ao discutir o engajamento nas ciências:

> devemos começar eliminando a posição extrema do engajamento, tal como proposto e praticado no período stalinista na URSS e em outros países – não necessariamente apenas por marxistas [...]. Essa posição supunha (1) uma congruência total entre as declarações políticas e científicas em todos os momentos, e por isso (2) uma intercambialidade virtual das declarações em ambas as formas de discurso em todos os níveis, com a justificativa (3) de que não existia nenhum campo do discurso científico ou público especializado para tais discursos. Na prática, isso significava (4) a superioridade da autoridade política (sendo esta, por definição o repositório da ciência) em relação à proposição científica.[44]

Fechando o parênteses, torno a bater na tecla de que as músicas que estudo criam e recriam aspectos e situações da vida humana na quase totalidade de suas composições. Elas podem não ostentar sempre um caráter militante, mas o engajamento está presente na intricada rede de diálogo das canções com o universo das condições de vida nas cidades, existindo, por isso, uma relação inescapável entre música e política. Os compositores, entendendo a dimensão pública de suas can-

---

[42] Roberval de Jesus Leone dos Santos, "Modelos de engajamento", *Estudos Avançados*, v. 19, n. 54, 2005, p. 417-8.

[43] Paul-Louis Landsberg, *O sentido da ação* (Rio de Janeiro, Paz e Terra, 1968), p. 31.

[44] Eric Hobsbawm, *Sobre história*, cit., p. 143.

ções, passaram a reivindicar a ideia de engajamento sociopolítico, de uma atitude crítica e política para suas produções.

A partir das concepções levantadas, verifica-se que o poder, a política e o engajamento, com toda a sua complexidade, conflituosa e dialética, se expressam no campo das práticas e representações culturais. É neste ponto que as discussões envolvendo tais conceitos são particularmente interessantes, uma vez que o compositor, ao transformar elementos cotidianos da realidade vivida em música ou ao criar algo que a ela remete de modo direto ou indireto, produz um discurso de circulação pública que se insere nas problemáticas da rede poder-política-engajamento. Esse é um aspecto que deve ser reconhecido na prática dos *rappers*, afinal

> Eles preferem letras quilométricas, ásperas, diretas, sem meios-tons ou concessões. Esqueça a metáfora e os duplos sentidos. O que interessa é o engajamento político e a contundência do discurso. É importante passar uma mensagem. Nada de "um tapinha não dói" ou "me chama de cachorra". O buraco é mais embaixo.[45]

***

Por fim, destaco, uma vez mais, que não pretendo situar todo o *rap* a partir de uma descrição e de uma análise. Existiram, como demonstrado, os que desconfiavam da atitude deliberada da defesa de um engajamento político-social, porém até mesmo eles acabaram, em certa medida, por ser engajados. Não foi pelo fato de, por exemplo, Jack (São Paulo) dizer que "o *rap* tem que ter a parte *relax*, aquela quebra, senão não rola"[46], que o produto de seu trabalho artístico deixou de ir ao centro dos debates das questões de seu tempo, sendo portador de denúncias ou posicionamentos críticos[47]. Do mesmo modo, não se trata, também, de reduzir a expressão musical dos sujeitos envolvidos com o *rap* tão-somente ao engajamento, como que a empobrecer o caráter polifônico dos *raps*[48].

---

[45] Mauro Ventura, "*Hip hop* sai do gueto, conquista o mercado e vira tema de livro", *O Globo*, 2 dez. 2001.
[46] "Incendiário *rap*", *Jornal da Tarde*, 29 jun. 1990.
[47] Ver, nesse sentido, Radicais de Peso, "Onde está o menino", LP *Ameaça ao sistema* (São Paulo, Kaskata's, 1992), do grupo de Jack, em que os *rappers* contam a história (segundo eles verídica) de um amigo que, pego fumando maconha, em decorrência disso foi morto pela polícia. A música é endereçada às autoridades policiais, interpeladas pelos *rappers* que querem saber "onde está o menino?".
[48] Evidência desse caráter polifônico, de como o *rap* se sintoniza a um só tempo com vários aspectos da dinâmica social, poder ser encontrada nas palavras de Jamal, para quem ele representa "uma

Não é o caso de fazer uso da liberdade de julgar o todo por algumas partes escolhidas a dedo. O material recolhido evidencia traços comuns, "estruturas de sentimento" que perpassam uma grande quantidade das fontes. E delas se depreende, em larga medida, que "o *rapper* é o cara que entregou a vida dele numa militância, numa denúncia, entendeu?"[49].

Há quem diga que, se se investigar em documentos sobre a vida particular dos *rappers* ou que dizem respeito a suas trajetórias cotidianas, revelar-se-ia como seu engajamento é pouco sólido, se comparado à ideia que criaram. Isso, contudo, não os torna desengajados. Uma investigação dessa natureza poderia até mesmo acusar que o engajamento que defendem é de "fachada". Ainda que esse julgamento contenha algo de verdadeiro, não é o que, fundamentalmente, está em jogo aqui. Sennet, ao discutir a questão do comportamento público e da representação, lança uma questão importante: "será que aquilo que demonstro é realmente o que sou?"[50] Esta, porém, é outra história, que fica para uma outra vez.

---

forma de divertir e alertar ao mesmo tempo... uma forma de desabafar tudo o que eu vivo e penso". Entrevista realizada por Alessandro Buzo, *RapNacional*, 11 mar. 2004, disponível em: <rapnacional.com.br>.

[49] Entrevista com Carlos Eduardo Taddeo, *Mundo Black*, 2009, disponível em: <mundoblack.com.br>.

[50] Richard Sennet, *O declínio do homem público* (São Paulo, Companhia das Letras, 1999), p. 326.

POLÍTICA E COTIDIANO

A ocasião: na cidade de Goiânia, no dia 8 de dezembro de 2008, realizou-se na Assembleia Legislativa uma sessão especial em comemoração à Declaração Universal dos Direitos Humanos. Lá estava (dentre outros) o *rapper* Cláudio Roberto dos Santos, convidado para receber uma homenagem – a medalha de mérito legislativo Pedro Ludovico Teixeira – pela sua atuação e militância nas causas sociais (e, por extensão, a favor dos direitos humanos) por meio do *hip hop* e do Centro de Cidadania Negra de Goiás (Ceneg-GO), pelos quais contribuiu (segundo o deputado estadual Mauro Rubem, do Partido dos Trabalhadores) para a afirmação da cultura negra, o combate ao racismo, à exclusão social e à violência, com trabalhos desenvolvidos em escolas e bairros periféricos.

Cena 1: ao receber a homenagem – um "metal preso em uma cordinha"[1], conforme Cláudio Roberto viria a declarar – ele não se pronunciou em agradecimento. Quer dizer, não o fez seguindo as formalidades do Legislativo, optando por se expressar de seu modo habitual, isto é, por intermédio da música. Junto aos seus companheiros MCs (Lethal e Mortão, com os quais forma o grupo de *rap* Testemunha Ocular), pediu atenção ao público presente, falou algumas poucas palavras (basicamente, críticas ao caráter opressor e ao conservadorismo dominantes na sociedade em que viviam) e disparou a canção "Coronelismo"[2], que, entre outras coisas, denuncia que

---

[1] Larissa Bittar, "Cantor de *hip hop* irrita deputados", *Diário da Manhã*, 11 dez. 2008.
[2] Testemunha Ocular, "Coronelismo", CD *Apruma-te* (Goiânia, Tratore, 2005).

Político rouba, político rouba
Dentre mil um roda [se dá mal]
Coronelismo tá de volta no cerrado
Segura sua onda que agora é a volta do véio safado
Com promessas de asfalto, moradia, café com leite
Usando as mesmas mentiras de sempre
Quem não conhece Iris Rezende[3] do PMDB?
Em Goiás foram dezesseis anos de poder (fudeu)
Fazendo o povo de bobo, iludindo todo o estado
O Kajuru da Rádio K[4] quase foi assassinado
Eu não me entrego
Iris Rezende fudeu a Caixego
Fazendo caixa dois pra campanha com o seu rastelo
Ele arrastava servidores públicos ao desemprego
Várias famílias ficaram sem sossego
Cadê o BEG, Banco do Estado de Goiás?
O Iris roubou tanto que o banco não existe mais
[...]
Goiânia voltou para o atraso, regime ditador
A cultura é negada sem nenhum pudor
[...]
É elementar, cabra da peste, que aqui no centro-oeste
A bicharada do poder tá tudo solta
[...]
Revolta, de volta
Explode dentro do meu peito.

Com essa música, os *rappers* do Testemunha Ocular atingiram tanto os políticos ali presentes (e que, certamente, desconheciam suas composições) como também um público mais amplo, já que esse evento político foi objeto de notícias e comentários em jornais, televisão, blogs etc. O agradecimento, por fim, acabou se travestindo em protesto, denúncia e um chamado sutil para as pessoas se envolverem mais na discussão dos assuntos políticos.

---

[3] Político com larga carreira no estado de Goiás, coleciona cargos públicos: já foi vereador e prefeito em Goiânia, deputado estadual, governador e senador, além de ter sido ministro da Agricultura, no governo José Sarney, e da Justiça, no governo Fernando Henrique Cardoso.

[4] Jorge Kajuru é comunicador e foi proprietário da Rádio K (Rádio Clube de Goiás), em Goiânia, retirada do ar muitas vezes. Por conta de suas declarações, fez inúmeros desafetos.

Cena 2: ao verem aqueles jovens que trajavam roupas largas, bonés, tênis[5], cabelos com *dreads* e uma postura corporal diferente daquela típica do seu universo, boa parte dos membros da Assembleia Legislativa não conseguiu conter o seu descontentamento com a presença daqueles sujeitos. À medida que a música rolava, uns se punham de costas, outros conversavam entre si representando teatralmente sua indiferença, outros explodiam em risadas. A expressão de muitos dos políticos que ali se encontravam, estampada em suas faces, revelava certa irritação.

Ao final, o deputado que presidia a sessão, Wagner Guimarães, do PMDB, se manifestou sobre o que havia acabado de presenciar: "Esta é uma das vantagens da democracia"[6], disse ironicamente. Dentre as reações, perguntaram a Cláudio Roberto (que é filho de uma doméstica e de um metalúrgico e que estudou até o ensino médio) se sua mãe não havia lhe ensinado a se portar educadamente na casa dos outros... Sua resposta foi sucinta: "Não entendem que a Casa não é deles, é do povo"[7]. O deputado Romilton Moraes (PMDB), por sua vez, foi contundente: "Achei a música de profundo mau gosto. Foi falta de educação, era uma sessão solene, ele cuspiu na medalha que recebeu. Ingratidão com todos que a concedemos. Sou a favor da cassação da medalha. O ideal, porém, é que ele tenha elegância e a devolva"[8]. Conforme o *Diário da Manhã*, "Betinha Tejota (PSB) pensa[va] até em processar o cantor por danos morais"[9].

Essa composição diz respeito à vida política, se a entendermos em um sentido mais estrito, que dimensiona como político aquilo que se dá na órbita estatal e da política profissional. Outras tantas músicas, porém – certamente a maioria da cena *rap* – passam ao largo da concepção *stricto sensu* de política. Para compreendê-las melhor, é preciso adotar um outro ângulo de visão, que deixe de enxergar o poder e a política pelo viés da "negatividade", ou seja, associados quase exclusivamente à repressão, à dominação, à violência, à lei e ao direito, e personificados em pessoas e instituições – o Estado seria a maior delas – que "têm" o poder e que, por essa razão, comandariam o jogo político. Essa virada conceitual é necessária porque

---

[5] Sobre como o *rap* cria estilos e identidades, inclusive quanto à vestimenta, ver Ana Graciela Fonseca e Lúcia Helena Possari, "A moda demarcando espaço: o caso da moda *hip hop*", *IARA*, São Paulo, Senac, 2010.

[6] Sessão especial em comemoração aos sessenta anos da Declaração dos Direitos Humanos, *TV Assembleia*, 8 dez. 2008.

[7] Larissa Bittar, "Cantor de *hip hop* irrita deputados", cit.

[8] Idem.

[9] Idem.

"a análise tradicional dos aparelhos de Estado sem dúvida não esgota[m] o campo de exercício e de funcionamento do poder"[10]. É um passo importante para o entendimento de que "o político relaciona a vida social com a *comunidade de cidadãos*, circunscrevendo a constelação sempre variável dos múltiplos elementos que configuram a ordem"[11], perceber que o político refere-se a um amplo leque de ações, sentimentos, discursos que, se ignorados, "significa amputar a política e reduzir o fenômeno político a suas formas visíveis"[12].

Logo, o evento relatado traz à baila as relações entre cultura e política. A rigor, elas ocorrem em todo o tempo e lugar. Não foi a ida dos *rappers* à Assembleia Legislativa do Estado de Goiás que emprestou uma faceta política à sua expressão cultural e ao seu comportamento em geral. Por sinal, "Coronelismo" foi um dos meios encontrados para entrar no debate da coisa pública (a música já cumpria esse papel antes desse *happening*, pois havia sido composta alguns anos antes e já circulava por meio de CD)[13].

O acontecimento ilustra o campo social em que nos movemos, dominado por uma relação entre desiguais, entre interesses opostos. Trata-se de uma relação da qual os homens não podem escapar[14]. A canção escolhida serve inclusive de alerta para que os sujeitos se envolvam nessa complexa relação que orienta os rumos da sociedade, na busca da própria transformação pessoal visando à superação dos abismos sociais e políticos existentes:

> Existe um abisomo entre o povo e o poder
> Pra muitos é melhor fazer de conta que não vê
> Não gosta, não discute, não querem entender

---

[10] Michel Foucault, *Microfísica do poder*, cit., p. 75.

[11] Norbert Lechner, "Os novos perfis da política: um esboço", *Lua Nova*, São Paulo, Cedec, n. 62, 2004, p. 14.

[12] Ibidem, p. 15.

[13] Para outras reflexões sobre as pontes entre o *rap* e política, ver Maria Ximenes Ferreira, *Hip hop e educação: mesma linguagem, múltiplas falas* (Campinas, Unicamp, 2005), dissertação de mestrado em educação.

[14] O *rapper* Rei, de Brasília, quando questionado acerca de sua visão política, aponta nessa direção: "odeio política, mas sei que o *hip hop* tem de ter um braço político, porque tudo é baseado nessa tal política". Entrevista concedida a Nego Hênio, *RapNacional*, 10 mar. 2007, disponível em: <rapnacional.com.br>.

Estado de omissão se afastam da política
Pra população a situação se torna crítica[15]

Assim, o que por vezes os *rappers* enfatizam é que a política, que produz consequências graves sobre a vida dos homens, deveria, em tese, envolvê-los. A crítica que formulam, nesse caso, advém da percepção do inverso disso, haja vista que o que sobressai é um preconceito para com a política, de que muita gente "não gosta, não discute, não quer entender". Configura-se uma tendência ao que Sennet classifica como o fim da cultura pública[16], que suscita uma retração em relação ao que é coletivo. Isso se verifica, em determinada medida, pelo mal-estar que envolve o grosso da sociedade e a política institucional, considerando-se que "uma de suas manifestações consiste na falta de confiança nela e (quase certamente) nos políticos"[17].

Esse preconceito se abriga em uma noção de política em que os homens comuns – aqueles que não são políticos profissionais – não devem interferir, pois se trataria de um campo no qual não sabem se movimentar ou não disporiam de poder para tanto. Exagera-se a ideia de uma distância entre dominantes e dominados e se constrói uma barreira que lhes é mostrada como intransponível. Para Cláudio Roberto e seus companheiros, isso faz parte da própria dinâmica do poder:

O seu distanciamento
Faz parte da estratégia
Dos controladores governarem
Despreocupados
Dos governantes controlarem
Os governados
Investimento maciço na ignorância
[...]
Aumenta a importância da iniciativa
Represente a si mesmo
Nunca desista.[18]

---

[15] Testemunha Ocular, "Coronelismo", cit.
[16] Richard Sennet, *O declínio do homem público*, cit.
[17] Norbert Lechner, "Os novos perfis da política", cit., p. 15.
[18] Testemunha Ocular, "Coronelismo", cit.

Essa concepção do político – sua face institucional contra a qual os MCs do Testemunha Ocular se posicionaram[19] – é analisada com perspicácia por Bourdieu. O autor parte da constatação da existência de um monopólio do campo político por profissionais da área, em razão de haver uma "concentração do capital político nas mãos de um pequeno grupo"[20], ocasionando a criação de um distanciamento daqueles que se encontram "desapossados de instrumentos materiais e culturais necessários à participação ativa na política"[21]. Entretanto, a invenção, por parte desses "desapossados", de produtos culturais, discursos, linguagens, comportamentos e práticas que servem de instrumentos para a percepção e expressão da vida social os colocam não à distância do político – apesar de a esfera política ser hegemonicamente dominada por profissionais –, mas no seu interior, trazendo a política para o cotidiano.

O grupo Testemunha Ocular adverte para a importância da ação, da mobilização dos que se acham à margem pelos sujeitos em prol de suas próprias necessidades, aspirações e desejos. Uma das maneiras de materializar tal iniciativa é o "direito de falar" (tomando emprestado aqui uma expressão de Bourdieu[22]), via pela qual os sujeitos se inserem no espaço público. Essa fala pode provir de variados lugares sociais – não apenas dos espaços oficiais – e adquirir dimensão política mais abrangente com base na força das ideias propostas, e na sua capacidade de mobilização. Em um contexto em que as esferas de representação política não atendem aos anseios da maioria das pessoas, há os que irrompem como produtores independentes na elaboração e difusão de princípios para a vida social, fazendo-se visíveis como intelectuais[23]. Suas falas explicam o tremendo desconforto dos defensores da ordem

---

[19] Posicionamento que implica um engajamento ante o mundo em que estão inseridos, expressando como sua sensibilidade lida com o contexto social e valoriza comportamentos que não estão alinhados ao desinteresse, à indiferença e ao desengajamento que, segundo alguns estudiosos, são traços notáveis da personalidade do indivíduo contemporâneo. Ver, sobre o assunto, Claudine Haroche, *A condição sensível: formas e maneiras de sentir no Ocidente* (Rio de Janeiro, Contra Capa, 2008), p. 126-31.

[20] Pierre Bourdieu, *O poder simbólico* (Rio de Janeiro, Bertrand Brasil/Difel, 1989), p. 164.

[21] Idem.

[22] Ibidem, p. 185.

[23] Na acepção gramsciana, mesmo aqueles que, à semelhança de muitos *rappers*, estão perversamente integrados à sociedade capitalista, não deixam de ser intelectuais. Para Gramsci, "se se pode falar de intelectuais, é impossível falar de não intelectuais, porque não existem não intelectuais. [...] Em suma, todo homem [...] desenvolve uma atividade intelectual qualquer, ou seja, é um 'filósofo', um artista, um homem de gosto, participa de uma concepção de mundo", Antonio Gramsci,

instituída para com os *rappers*[24]. Ainda que apareçam como manifestações vindas de fora, acabam por repercutir diretamente no campo político-institucional, afinal,

> Em política, "dizer é fazer", quer dizer, fazer crer que se pode fazer o que se diz e, em particular, dar a conhecer e fazer reconhecer os princípios de divisão do mundo social, as *palavras de ordem* que produzem a sua própria verificação ao produzirem grupos e, deste modo, uma ordem social.[25]

Isso foi pensado por Bourdieu para pessoas que atuam (ou pretendem atuar) como profissionais nas instituições de representação política. Contudo, pode ser estendido para outros agentes sociais que, se muitas vezes não têm como colocar em prática o que dizem[26], o seu "dizer" se converte em "fazer" por interferir na configuração social, instalando em suas tramas uma voz crítica, que propaga desconfiança, valores alternativos, posicionamentos que, em muitas situações, são desarmônicos ao que é hegemônico. Ora, em um momento em que "o neoliberalismo [...] pretende substituir a política pelo mercado como instância máxima de regulação social"[27], as ações que exprimem a necessidade da atenção para com as questões sociais adquirem inegável relevância.

A ideia que parte considerável dos *rappers* oferece é diversa da que pensa o político (como conceito) e a política (como prática)[28] pelas vias exclusivamente institucionais. Nas suas músicas e nas suas falas em geral, vislumbra-se o político fora dos seus lugares tradicionais. É por isso que Cláudio Roberto destaca, ao comentar

---

Cadernos do cárcere, v. 2: *Os intelectuais. O princípio educativo. Jornalismo* (Rio de Janeiro, Civilização Brasileira, 2001), p. 52-3.

[24] O que pode ser aferido igualmente em trecho de uma entrevista com o *rapper* GOG: "Entrevistador: Explica melhor esse episódio sobre o governador de Brasília, o Arruda. GOG: Na realidade, quem ligou pra gente não foi o Arruda, foi mais a assessoria dele. Perguntaram sobre a música "Fogo no pavio" [da coletânea *Família GOG: fábrica da vida*, 2001], que foi apresentada na MTV e teve grande repercussão. Eles perguntaram onde eu queria chegar com isso e se era 'coisa do PT', 'coisa de esquerda'". Ver Marques Rebelo e Alexandre de Maio, "GOG", *Rap Brasil*, n. 3, 2008.

[25] Pierre Bourdieu, *O poder simbólico*, cit., p. 185-6.

[26] Efetivamente, dizer que "a ferida na perna do pretinho é quem paga/o transatlântico romântico do casal de canalhas/pragas são como ricos/ricos são como pragas/um dia desses o transatlântico naufraga" não significa que se está prestes a afundar as desigualdades sociais que são visíveis pelo país. Ouvir Clã Nordestino, "Todo ódio a burguesia", CD *A peste negra* (São Luis, Face da Morte, 2003).

[27] Norbert Lechner, "Os novos perfis da política", cit., p. 12-3.

[28] Sobre essa diferenciação entre político (conceito) e política (prática) ver Enrique Dussel, *Vinte teses de política* (São Paulo, Expressão Popular, 2007).

sua ação (e, por extensão, o conteúdo de sua música), que "essa é minha forma de fazer política"[29]. É uma atitude que advoga a política no dia a dia, inclusive fora de seus espaços convencionais. Assim, pensar a política demanda atenção para com todos os mecanismos que a perpassam, pois concebê-la como uma esfera isolada de atuação nada mais é do que uma redução equivocada. O todo político está além das instituições que funcionam supostamente como sede ou fonte do poder (político). Quando nosso olhar se dirige, acima de tudo, para as instituições como lugar concentrador de poder, desconsideram-se os de baixo, os pobres, os setores populares, os oprimidos, que impulsionam movimentos sociopolíticos que exercem pressão e influenciam, seja lá como for, os rumos da política oficial. Mesmo que contem com pouca mídia favorável às suas ações e pouco prestígio (em razão da correlação de forças vigente, devido à qual o que é proposto conduz, no limite, à criminalização da ação desses sujeitos[30]), sua presença não pode ser descartada, levando-se em conta que "o *campo político* é um âmbito atravessado por forças, por sujeitos singulares com vontade e com certo poder"[31].

É fato que o que se denomina comumente como político tem um espaço próprio formado por instituições, modos de agir, princípios que, em conjunto, formam o campo político[32]. No entanto, embora haja cumprido efetivamente o papel de organizar a vida nas sociedades – por meio de políticos profissionais –, esse campo institucional não é isolado de outras esferas de intervenção social, tampouco é a síntese de todas elas.

As discussões acerca da política e do poder, pelo viés aqui adotado, expressam um teor diferenciado, pois ambos são encarados fora de uma concepção estreita que põe à margem a maioria da população. A política e as relações de poder emergem

---

[29] Larissa Bittar, "Cantor de *hip hop* irrita deputados", cit.
[30] Não é à toa que o *rapper* Davi, no decorrer dos anos, vem cantando "contra a criminalização/dos movimentos sociais". Ouvir Davi Peres, "Liberdade pra lutar" (Florianópolis, s/d, independente).
[31] Enrique Dussel, *Vinte teses de política*, cit., p. 18.
[32] Sobre a perspectiva pela qual os fenômenos políticos foram observados, priorizando a órbita institucional, ver o balanço feito por Angela de Castro Gomes, "Política: história, ciência, cultura etc.", *Estudos Históricos*, Rio de Janeiro, CPDoc, n. 17, 1996. No texto ela aborda tanto momentos em que, "no que se refere à história política, também no Brasil a tradição historiográfica é fortemente marcada por uma produção de história político-administrativa, com o predomínio de uma narrativa povoada de acontecimentos, grandes vultos, batalha etc.", quanto aquele em que se registrou "a revitalização dos estudos em história política [...] que trouxe consigo algumas orientações inovadoras e fundamentais [...] [como] a de que a história política tem, de forma intensa e constitutiva, fronteiras fluidas com outros campos da realidade social" (p. 60 e 63).

como algo que perpassa toda a vida social. Isso vai ao encontro da contribuição legada, dentre outros, por Foucault, ao incluir na sua atividade intelectual e no percurso de suas análises políticas e/ou micropolíticas as prisões, os asilos, os hospitais e as questões da sexualidade, do saber e da loucura, mesmo que ele não tenha elaborado uma teoria geral da política.

Quando um *rapper* afirma que "o que a gente faz é política, o que eu pratico no dia a dia é uma política"[33], sua fala adquire forte significado no interior dos debates que intelectuais como Foucault estimularam. O conceito implícito de política e de poder que transparece nesse posicionamento não se prende a um lugar de origem do qual este se projeta e se faz exercer, por isso produz-se um desmonte da concepção tradicional do termo – que, em geral, obedece a padrões jurídicos e institucionais – ao deslocar o foco de um centro do qual emana para as operações de seu exercício. O poder passa a ser encarado, então, não como algo que advenha de uma propriedade (daquele que o detém), mas percebido como estratégias e técnicas utilizadas pelos sujeitos em suas relações[34]. O poder (e, portanto, a política e o político) é, assim, uma relação que se estabelece em todas as dimensões da vida, inclusive na produção musical. O *rapper* Aliado G toca nesse ponto:

> Não resolvi entrar para a política. [...] Não participar da política é parar o relógio para economizar tempo e o tempo não existe em função do relógio. [...] Um jornalista me perguntou se toda música tem que ter teor político. Respondi que toda cultura é uma expressão política.[35]

---

[33] Entrevista com Edi Rock, do grupo Racionais MC's, *RapNacional*, 21 set. 2005, disponível em: <rapnacional.com.br>.

[34] Ele está em todos os lugares: na distribuição do espaço, na normatização dos comportamentos e das práticas individuais, na distribuição e no fracionamento do tempo. Comentando essa concepção, Machado argumenta que "o poder não é algo que se detém como uma coisa, como uma propriedade, que se possui ou não. Não existem, de um lado, os que têm o poder e, de outro, aqueles que se encontram dele alijados. Rigorosamente falando, *o poder* não existe; existem sim práticas ou relações de poder. O que significa dizer que o poder é algo que se exerce, que se efetua, que funciona. [...] E esse caráter relacional do poder implica que as próprias lutas contra seu exercício não possam ser feitas de fora, de outro lugar, do exterior, pois nada está isento de poder", Roberto Machado, "Introdução", em Michel Foucault, *Microfísica do poder*, cit., p. xvi.

[35] Entrevista com Aliado G, do grupo Face da Morte (Hortolândia), *RapNacional*, 05 set. 2006, disponível em: <rapnacional.com.br>.

Como nada está isento de uma dimensão política[36], Foucault e outros mais se propuseram a valorizar suas manifestações moleculares/microfísicas embutidas em práticas, procedimentos e técnicas com efeitos específicos para a operação do poder. Trata-se de pensar o poder "em sua forma capilar de existir, no ponto em que o poder encontra o nível dos indivíduos, atinge seus corpos, vem se inserir em seus gestos, suas atitudes, seus discursos, sua aprendizagem, sua vida quotidiana"[37].

Emblemático para esse debate é outro episódio que, por sua relevância, passo a narrar agora. Em 2009 um veículo de *web TV* entrevistou o *rapper* Mano Brown, um dos mais conhecidos no Brasil. Na entrevista, realizada por Paulo Napoli, o MC foi interpelado sobre o papel pioneiro de seu grupo, acerca da época e o contexto em que o *rap* começa a ser feito/fruído no país, sobre música, consumo, meios de comunicação etc. Em dado momento, a conversa é conduzida para assuntos tidos como da seara política e se trava o seguinte diálogo:

> Entrevistador: O Racionais ganhou tamanho e as pessoas passaram a conhecer cada vez mais a figura do Mano Brown, as pessoas passaram a se espelhar no Mano Brown. E... você acha que um dia você pode, de repente, entrar pra política, pra ser a pessoa nisso? Alguém que já te falou alguma coisa? Você acha que tem a ver, de repente, um dia você representar a comunidade do teu jeito?

> Mano Brown: Eu já tô na política há vinte anos, irmão. Eu faço política, tudo que eu faço, de uma forma direta ou indireta, outras vezes agressiva outras vezes disfarçada, é política. Certo? Faço política. Faço política do meu jeito. Do meu escritório, meu escritório é a rua, é a esquina, entendeu? E eu sei o que tá pegando. Antes dos verdadeiros políticos profissionais descobrir, eu já descobri.[38]

Aí vemos um paradoxo emergir, duas formas de se pensar o que é o político. De um lado, o entrevistador, que identifica uma eventual atuação política de seu interlocutor à ocupação de cargos no aparelho do Estado, que, dessa maneira, poderia representar a comunidade, como se não fosse possível fazer isso de outro jeito, como se Brown já não fizesse isso à sua moda. De outro, Mano Brown reconhece que a vida política pulsa fora das instituições consagradas à atuação política, em

---

[36] Essa visão alargada da política provoca também críticas. Ver, por exemplo, Armando Boito Jr., "O Estado capitalista no centro: crítica ao conceito de poder de Michel Foucault", em *Estado, política e classes sociais* (São Paulo, Editora Unesp, 2007).

[37] Michel Foucault, *Microfísica do poder*, cit., p. 131.

[38] Entrevista com Mano Brown, concedida a Paulo Napoli, *XXL TV*, disponível em: <www.youtube.com/watch?v=sMSPFIkCqCk>.

função do modo como sujeitos se inserem na vida pública. Temos aí, igualmente, a autolegitimação dos agentes que fazem política a partir da cultura.

Ao compartilhar de uma concepção alargada de poder e política, este livro se afina tanto com a linha de pensamento exposta por Mano Brown quanto por Foucault, quando este autor insiste na observação de que, nas análises sobre o poder, é preciso estar atento para

> a multiplicidade de correlações de força imanentes ao domínio onde se exercem e constitutivas de sua organização; o jogo que, através de lutas e afrontamentos incessantes, as transforma, reforça, inverte; os apoios que tais correlações de força encontram umas nas outras, formando cadeias ou sistemas ou, ao contrário, as defasagens e contradições que as isolam entre si; enfim, as estratégias em que se originam e cujo esboço geral ou cristalização institucional toma corpo nos aparelhos estatais, na formulação da lei, nas hegemonias sociais.[39]

Ao se situar o poder e, por conseguinte, a política no campo das relações sociais (em seu amplo sentido), emergem daí não relações puramente de dominação, mas um complexo emaranhado de tensões e de conflitos, em meio aos quais a dinâmica social é atravessada por ações distintas, disputas de espaço (sobretudo o espaço público) e de legitimidade em torno dos discursos produzidos por atores diversos. Nesses embates, os sujeitos que se expressam pelo *rap*, de modo ativo e criativo, se inserem no social e registram suas leituras e vontades políticas[40] (por mais ingênuas e simplistas que por vezes pareçam ser), que sugerem uma ação social direcionada para transformações, ou seja, questionam a democracia existente – ou que dizem existir:

> Sobre os políticos
> Escutem o que vamos falar agora
> Não há, não há nenhum
> No qual se possa confiar
> E se você votou, acreditou
> Vá as ruas, exija explicações
> E não simples desculpas

---

[39] Michel Foucault, *A história da sexualidade*, v. 1: *A vontade de saber* (Rio de Janeiro, Graal, 2001), p. 88-9.
[40] Para uma análise do *rap* como plataforma de expressão de desejos coletivos e individuais, ver Débora Linck, *Rap: espaço para representação de uma possível utopia* (São Leopoldo, Unisinos, 2007), dissertação de mestrado em linguística.

Só assim conseguiremos resgatar direitos
Ou ao menos um pouco do que perdemos
É difícil, eu sei.[41]

Como decorrência de tudo o que foi dito até aqui, à política pode ser atribuído, por um lado, um sentido estrito, de atividade ligada à participação e distribuição de poder dentro dos mecanismos gestores do Estado por grupos que têm ou buscam projeção dentro dele. Por outro lado, é possível conferir ao conceito um sentido amplo, no qual um vasto número de práticas são dimensionadas como políticas, independentemente de elas se voltarem para o Estado ou serem concebidas, de forma consciente, como políticas[42]. No caso dos *rappers,* como vimos, suas ações políticas se fazem sentir em múltiplas frentes de luta. Mais um exemplo disso aparece numa declaração de Gaspar:

> politizado não é apenas falar só do que falta na sua quebrada. A gente não gosta de ficar batendo na tecla da miséria. Falar só de droga, da arma é promover tudo o que nos destrói. A gente queria mudar essa concepção, porque temos muita riqueza, tradição cultural.[43]

Isso porque agir na perspectiva da transformação de imagens cristalizadas que estigmatizam determinados setores sociais, desconstruir no imaginário social a ideia hegemônica que se tem de certos lugares da cidade, ir na contramão de concepções negativas que atingem em cheio as classes populares é, também, uma forma de atuação política. As denúncias, as críticas e as manifestações de desejo de outro mundo se situam no mesmo terreno.

Na trilha dessa reconceituação do que é política, desloca-se, em parte, o foco dos agentes institucionais e dos atores declaradamente políticos para as pessoas "comuns", que, em sua vivência cotidiana, em suas práticas culturais e até em suas formas de lazer, podem então ser consideradas protagonistas da política. Ao reforçar essa visão, o antropólogo José Magnani mostra que se trata de um novo jeito de fazer

---

[41] GOG, "Soluções", LP *Peso pesado* (Brasília, Discovery, 1992).

[42] Assiste-se, assim, como frisa o cientista político Eder Sader, ao estilhaçamento da política mediante a politização do social: "Ao produzir a politização do social, os movimentos que emergem de [19]68 atacam o 'ponto fixo' da política, a ordenação das instâncias sociais encimadas pelas instituições políticas enquanto zonas próprias bem delimitadas", Eder Sader, *Marxismo e teoria da revolução proletária* (São Paulo, Ática, 1986), p. 51-4 (p. 53).

[43] Gaspar, do grupo Z'África Brasil, citado em Janaina Rocha, "Z'África Brasil inova com *hip hop* atípico", *Folha de S.Paulo,* 21 jun. 2002.

e pensar a política, no qual o *locus* do político não está mais, necessariamente, na fábrica ou no partido político, mas em todos os espaços e momentos da dinâmica da vida nas cidades. Ao agir dessa maneira, "a pesquisa antropológica reencontra a política no cotidiano", levando-nos a "visualizar a política onde ela não aparecia, ao menos explicitamente"[44].

Convém salientar que, como esclarecem Eder Sader e Maria Célia Paoli, essa transformação na acepção de política não é puramente resultado da elaboração intelectual de intérpretes arejados, tampouco uma realidade dada à espera de que fosse decifrada. Ela é, ao contrário, resultado "de todo um movimento social, que é também um movimento cultural [...] de produção de novos significados que acompanha necessariamente as mudanças na prática social"[45]. As bases desse novo modo de encarar as relações de poder, a política e o político a partir de lugares sociais diversos, porém com configuração pública, encontram sua síntese em uma concepção *lato sensu* na qual

> o poder não deve ser encarado exclusivamente como algo que atua *sobre nós*, como se nos limitássemos a ser objeto de sua ação. Ele também é exercido *por nós*, o que nos coloca simultaneamente na condição de *sujeitos* e *objeto* do exercício do poder. Assim, quando homossexuais assumem a luta pelo direito à sua opção sexual – o que, aliás, se sintoniza com a luta pelo respeito à liberdade individual –, eles exprimem uma reação aos padrões serializados de comportamento. Nesse aspecto, os homossexuais, normalmente objeto do escárnio dos portadores de uma visão conservadora sobre a sexualidade, não só sofrem a ação do poder dominante como, ao mesmo tempo, reagem contra ele [...] Isso se aplica, igualmente, aos defensores das rádios livres: ao pregarem a realização da "reforma agrária na terra e no ar", eles praticam a pirataria cultural e questionam a propriedade e o usufruto dos poderosos meios de comunicação, recorrendo às "barricadas hertzianas".[46]

De acordo com essa conceituação dilatada de política, o homossexual não precisa se organizar, fundar um partido, concorrer nas eleições, adentrar no espaço do Estado para discutir a questão de sua aceitação, da mesma maneira como os envolvidos com as rádios livres não precisam buscar legitimação perante a ordem dominante para se envolver em práticas políticas. O simples fato de existirem e se

---

[44] José Guilherme Magnani, "Trajetos e trajetórias: uma perspectiva da antropologia urbana", *Sexta Feira*, São Paulo, Editora 34, n. 8, 2006, p. 33-4.
[45] Eder Sader e Maria Célia Paoli, "Sobre 'classes populares' no pensamento sociológico brasileiro", em Ruth Cardoso (org.), *A aventura antropológica* (Rio de Janeiro, Paz e Terra, 1986), p. 53.
[46] Adalberto Paranhos, "Política e cotidiano: as mil e uma faces do poder", cit., p. 54-5.

fazerem presentes na trama social já é, por si só, um ato político, seja no domínio do Estado, seja no do cotidiano. Essa perspectiva informa, objetivamente, a linha de pensamento de muitos *rappers* em relação à sua arte e sua postura como sujeitos sociais ativos. É o que se pode apreender em vasta documentação, como, por exemplo, no posicionamento do *rapper* Eduardo:

> Beto: Pegando um gancho aí sobre esta questão de consciência [...] Hoje tem vários parceiros do *hip hop* atuando no campo social e político. Você acha que isso é viável?
>
> Eduardo: Claro que é viável, é o que eu tento sempre passar pros caras. Não existe apolítico, num tem como. Você respira política, tudo é política, entendeu? A periferia vive a política, a guerra que existe aqui é política, então não tem como você se omitir.[47]

O *rap*, de modo geral, tem percorrido esse caminho ao problematizar os aspectos sociais contemporâneos e ao fazer circular opiniões sobre modos de ser e estar na sociedade. Assim, "o cotidiano, antes opaco espaço da repetição, passa a ser visto como lugar de luta, onde se produz a dominação e a resistência a ela"[48].

---

[47] Entrevista com Eduardo, do grupo Facção Central, de São Paulo, concedida a Beto, do grupo Teoria.

[48] Eder Sader e Maria Célia Paoli, "Sobre 'classes populares' no pensamento sociológico brasileiro", cit., p. 52-3.

TRIBUNAL DA OPINIÃO

É importante tornar a ressaltar que, quando se diz que a prática política dos *rappers* se fez em grande medida além da órbita institucional, isso não implica dizer que a política "tradicional" (seus sujeitos e seus espaços) foi esquecida, ignorada ou negligenciada por eles. Pelo contrário. Ao se analisar a documentação que traz traços dos valores, dos discursos, das práticas, das representações instituídas por esses músicos, percebe-se que essa questão ocupa um lugar especial. Se sua atuação sociopolítica se fez prioritariamente em espaços que não são os da atuação política convencional, em relação a ela, os produtores do *rap* criaram um "tribunal da opinião". Nele, ao encararem o papel de juízes orientados por uma consciência prática, comentaram/blasfemaram contra os rumos políticos da sociedade brasileira bem como contra os seus agentes.

O alvo de suas críticas foram os políticos que, no entender dos *rappers*, prestaram um desserviço à sociedade por promover e defender ações que beneficiaram setores sociais muito restritos. Atingiram também aqueles que trabalharam no sentido de legitimar o estado de coisas instaurado no Brasil, como empresários e intelectuais. São posicionamentos que alcançaram todos os que, desfrutando de posição para mobilizar (ou contribuir com) as transformações que se faziam necessárias para sanar os problemas sociais do país (denunciados em pelo menos uma das canções de cada grupo ou *rapper* pesquisado), optaram por se posicionar em favor de segmentos e valores hegemônicos, que em nada (ou pouco) atendiam ao interesse coletivo[1]. Tais opiniões foram expostas como sendo a síntese do que

---

[1] Em decorrência disso, eram da opinião de que "o inimigo aqui/usa terno e gravata". Ouvir MV Bill, "Traficando informação", CD *Traficando informação* (Rio de Janeiro, BMG/Natasha Records,

parcelas da coletividade oprimida pela ordem estabelecida gostariam de proclamar aos quatro cantos:

> Aos amigos que se foram
> E a saudade dos que estão atrás
> das grades do esquecimento
> Aos injustiçados
> e trapaceados pelo sistema
> Aos amigos que estão do meu lado
> Aos amigos do passado
> E aos amigos que somarão no futuro
> Aí, véio, o que vai ser dito aqui
> É o que vocês gostariam de falar
> [...]
> Meu sentimento pelo Estado
> É ódio na veia.[2]

Esse "ódio" pelo Estado (que inclui os políticos e um vasto número de sujeitos sob o rótulo genérico de "poderosos", de "detentores do poder") estava ancorado na sua incapacidade/desinteresse de atender a contento um universo complexo de aspirações, desejos e necessidades populares. Como os *rappers* consideravam suas posturas e arte como frutos do engajamento assumido, buscavam por meio delas contestar a dinâmica social que os massacrava e exprimir suas opiniões a respeito dos que contribuíam para que tudo fosse e continuasse como era. Como faziam parte de um "movimento [que] é apartidário, é cultural, popular, de resistência, regulador e de interação"[3], não podiam se calar ante as urgências do social.

O tribunal da opinião investia contra as práticas e discursos que inventaram um modelo de sociedade que não funcionava para todos. Os *rappers*, sensíveis às experiências vividas no mundo que lhes era proposto retrucaram. Foi a partir do ponto em que sensibilidade e política se cruzaram que as vozes descontentes apareceram, dando um novo sentido à realidade:

1999). Como que corroborando com esse posicionamento, outras vozes se lançaram: "a verdade vem como um sopro/o nosso inimigo é outro/'o inimigo aqui usa terno e gravata'". Realistas (com Renan, do grupo Inquérito, de Campinas),"Nosso inimigo é outro", CD *Só prus guerreiro* (Belo Horizonte, s/d, independente).

[2] Rei, "MP", CD *A ocasião faz o ladrão* (Brasília, Discovery, s/d).

[3] GOG em entrevista ao site *Enraizados*, 24 dez. 2007, disponível em: <enraizados.com.br>.

você vai sentir a política de que maneira? Por mais que o cara fala a moeda tá forte, o mercado tá isso e aquilo, você vai sentir, mano, que o cara tá desempregado, a violência continua, as pessoas tão morrendo, os mano que você vê que, quando têm acesso à escola, eles terminam o ensino fundamental, o ensino médio, mas não sabem escrever o próprio nome, não vão entrar numa faculdade. Então você vai sentir a política dessa maneira. Esta é a política que o povo sente, é a mesma que a gente vê. É a mesma que a gente analisa. Porque por mais que diga "ah!, o fulano, siclano, ele tá fazendo um governo socialista, um governo populista, ele trabalha com o povo"[, mas] na verdade você não vê isso, isso é só ilusão.[4]

Como base nessa apreensão da realidade social e sua reelaboração a partir da visão de mundo dos *rappers*, os políticos profissionais foram alçados ao *status* de grandes mentirosos que nada fazem além de explorar a credulidade dos eleitores. Concebidos de maneira uniforme, linear, como se não existissem exceções a esse quadro em que a "politicalha" predomina, emitem seu julgamento inapelável e generalizador:

São milhares de promessas
Para serem eleitos
E depois que são, então
Só nos dizem não.[5]

Vemos aí uma constante na trajetória dessas pessoas que, ao se movimentar nas tramas do social, não deixaram de refletir e de tornar público o que pensam. Ao vivenciar sensações difusas e procurar explicações para suas inquietações, organizaram ideias que, em última instância, dialogavam com o Estado e outras instituições, que, no seu entender, tanto não faziam frente aos problemas que atingiam a sociedade quanto frustravam parte das tentativas de reverter a situação:

Exilaram na favela o cidadão na teoria
Oprimido, censurado, no país da democracia
[...]
Bala de borracha
Escudo do choque tomando pedrada
Guerra civil em praça pública, socorro
Professor com sangue no rosto, mordida de cachorro

---

[4] Entrevista com Eduardo, do grupo Facção Central (São Paulo), concedida a Beto, do grupo Teoria, s/d.
[5] GOG, "Soluções", LP *Peso pesado* (Brasília, Discovery, 1992).

Sem teto, sem terra, sem perspectiva
Sem estudo, sem emprego, sem comida
O pavio da dinamite tá aceso
Qual será o preço pra eu ter os meus direitos?
[...]
Se vier pro asfalto
Fazer passeata
Aí o PM te mata
Te faz engolir bandeira e faixa.[6]

Faz-se alusão aqui, ainda que por alto, às mobilizações sociais, às greves de professores, às manifestações do Movimento dos Trabalhadores Rurais Sem Terra. A configuração desse discurso, que sintetiza modos de perceber, ver e expressar o social, ao mesmo tempo em que funciona como protesto, dissonância, como uma voz não exatamente afinada com aspectos fundamentais da hegemonia capitalista no mundo contemporâneo, deixa a indicação do "pra quem se fala" (mesmo que os destinatários dessas mensagens nunca venham a escutá-las). Daí que, com o dedo indicador em riste, os *rappers* sabem apontar os responsáveis pela manutenção da ordem, entre os quais aqueles que tratavam de abafar rumores e falas indesejáveis:

Aí, promotor,
Pesadelo voltou
Censurou o clipe
Mas a guerra não acabou.[7]

A dimensão política evidenciada no cotidiano não está, portanto, desligada de outras instâncias, como o Estado, pois "a intenção política só se constitui na relação com um estado do jogo do político e, mais precisamente, do universo das técnicas de ação e de expressão que ele oferece em dado momento"[8]. O que significa que, em uma sociedade na qual o "estado do jogo político" estabelecido tem o Estado e suas instituições como importantes referências, agir politicamente pressupõe em algum momento dialogar/enfrentar suas interfaces. Talvez seja por isso que boa parte das propostas de mudança, no caso do *rap*, incluísse a ascensão de novos sujeitos aos aparelhos políticos instituídos ou reformas do que estava posto.

---

[6] Facção Central, "Discurso ou revólver", CD *A marcha fúnebre prossegue* (São Paulo, Discoll Box, 2001).

[7] Idem, "A guerra não acabou", CD *A marcha fúnebre prossegue*, cit.

[8] Pierre Bourdieu, *O poder simbólico* (Rio de Janeiro, Bertrand Brasil/Difel, 1989), p. 165.

As leituras mobilizadas permaneceram nos limites do descontentamento, da crítica e da reforma do sistema. As transformações que propunham e que emergiram em seus discursos se restringiam ao plano das ideias, porém, seja como for, contribuíram para desgastar a ideologia concebida para legitimar a ordem e o estado de coisas vigente. Os *rappers* realizaram isso por meio de uma artilharia muito peculiar: zombarias[9], críticas[10], ofensas[11], pornografia[12] e coisas semelhantes.

A ideia que difundiram, principalmente por meio de suas músicas, era a de que alguns setores da sociedade estavam em guerra. E, em certo sentido, realmente estavam, uma vez que para

> Quebrar o gelo
> Da hipocrisia e da maldade
> Arrebentar de vez com
> As algemas da mais-valia e
> Da opressão[13]

era preciso ir em direção contrária àquilo que foi construído como o melhor caminho pelos seus antagonistas. Tratava-se de opor-se aos defensores da ordem instaurada durante o processo histórico de modernização capitalista do país, que teve características "selvagens" ao intensificar as desigualdades em função da primazia do mercado, que "induz à acumulação privada e não ao atendimento das necessidades da grande maioria da população"[14].

---

[9] "Se é a terra do caixa dois eu quero ir pra lá depois/porque se nego pôs no bolso pra comprar bois/quero meu latifúndio, cês só metem no fúndio/e não param conjugando o verbo no gerúndio/só se fala em milhões, é mais que o prêmio da sena/mas pra quem tem olhões só enxerga quem acena/se tiver um Rolex no pulso, aí vem o impulso/pro seu interesse e quando pensa lambe seu buço/mas se de tudo qu'eu falei você não riu de nada/vai ler a Constituição porque ela é uma piada". De Leve, "Isso sim é uma piada", CD *Manifesto ½ 171* (Niterói, 2006, independente).

[10] "Na cara dura/só cego não vê/meu povo é pobre/revista não lê/não entende, não tem informação/não estuda, nada muda/governo nega educação/controla o povo pelo dinheiro/cadê o dinheiro?/Fernando Henrique fez o Brasil virar um puteiro/no mundo inteiro é a mesma patifaria". Ouvir DMN, "H.aço", CD *H.aço* (São Paulo, 1998, s/l).

[11] "Somos comandados/por canalhas desonestos". Radicais de peso, "Ameaça ao sistema", LP *Ameaça ao sistema* (São Paulo, Kaskata's, 1992).

[12] "O povo é enrabado/como uma atriz pornô/parece que o povo é uma puta/e o governo, o gigolô". MC Leco, "CPI – Correções na Política Imediatamente" (Novo Hamburgo, s/d, independente).

[13] Clã Nordestino, "Regando as flores", CD *A peste negra* (São Luís, Face da Morte, 2003).

[14] Emir Sader, *Perspectivas* (Rio de Janeiro, Record, 2005), p. 22.

A política governamental da década de 1990 iria, supostamente, acertar os ponteiros nacionais com o relógio que regia a vida mundial por meio de propostas que selaram a adesão ao neoliberalismo. Nesse período, observou-se

> a emergência, na diplomacia brasileira, de um discurso de modernidade, no qual o alinhamento com as prescrições da política neoliberal seria o caminho para uma maior inserção do país no sistema internacional e através desta poder-se-ia negociar a obtenção dos meios para o desenvolvimento nacional.[15]

Era o início de uma série de medidas que afetaram de modo mais sistemático os segmentos mais pobres da sociedade (dos quais provinham a maioria dos *rappers*): puseram-se em prática cortes nos gastos públicos com assistência social, ajuste fiscal, reformas comerciais e patrimoniais com largas vantagens para as "forças do mercado"[16]. Embora essas experiências começassem a despontar na década de 1970, sua vigência em nosso país, por razões políticas, só teve êxito nos anos 1990, em razão do "caráter retardatário da aplicação do programa neoliberal no Brasil [, algo que] tem raiz política: a crise do regime militar e a ofensiva democrática e popular dos anos 1980 fecharam o espaço para o domínio neoliberal"[17].

Esse processo de modernização capitalista, respaldado pelo Estado brasileiro[18], foi visto em negativo na produção cultural dos *rappers* atuantes durante os anos 1990 e na década seguinte, que, como não poderia deixar de ser, era uma prática cultural inserida nessas transformações e que simultaneamente se alimentava dela e de toda atmosfera societal que o período proporcionou. No bojo dessas mudanças,

---

[15] Sílvio Romero Martins Machado, *Ideologia e discurso diplomático: a inserção do Brasil na ordem neoliberal (1985-1999)* (Porto Alegre, PUC-RS, 2005), dissertação de mestrado em história das sociedades ibéricas e americanas, p. 9.

[16] Ao rememorarem esse período, os *rappers* do Posse Mente Zulu chegaram a uma conclusão nada agradável: "2002, oito anos de FHC/e o povo só se...". Ouvir Posse Mente Zulu, "Caindo na real", CD *Revolusom: a volta do tape perdido* (São Paulo, Unimar, 2005).

[17] Juarez Guimarães, "A crise do paradigma neoliberal e o enigma de 2002", *São Paulo em Perspectiva*, v. 15, n. 4, 2001, p. 136.

[18] Ainda que se pregue uma postura antiestatista no mundo atual, na prática o Estado, em larga medida, tem cumprido o papel de agir de modo decisivo em prol da continuidade da hegemonia burguesa: "Independentemente do apregoado pelos ideólogos do neoliberalismo, nas últimas décadas o papel do Estado assumiu uma importância cada vez maior para assegurar a perpetuação das relações capitalistas de produção [...]. O capitalismo contemporâneo promove uma cruzada teórica contra o Estado, enquanto no plano prático não cessa de fortalecê-lo e designar-lhe novas tarefas e funções". Ver Atilio A. Boron, "Poder, 'contrapoder' e 'antipoder'", em Dênis de Moraes, *Combates e utopias* (Rio de Janeiro, Record, 2004), p. 114.

os interesses públicos não foram levados na devida conta (e nem podiam, pois isso seria romper com as prerrogativas neoliberais), salvo medidas pontuais que visavam atenuar as tensões e diminuir a pressão da sociedade, sem jamais atacar suas causas. Para parte significativa da população, restou o endurecimento de suas já precárias condições de vida, como expresso numa música do grupo Realidade Cruel, que afirma que, nesse processo,

> Pra nós sempre sobra
> As mesmas merda
> Obrigado a morrer no
> Estado de miséria nas favelas.[19]

O Brasil entrava definitivamente na órbita neoliberal, e essa nova orientação política e ideológica marcou uma reestruturação da hegemonia burguesa nas esferas sociais como um todo (econômica, política e cultural), culminando com a reforma do Estado capitalista no país. Tal reforma criou as condições para um novo ciclo de acumulação – sobretudo no que se relacionava ao mercado financeiro –, que aumentou ainda mais as disparidades econômico-sociais. Além disso, ela contribuiu para gerar um elevado índice de desemprego, a precarização e flexibilização negativa das atividades profissionais e o aprofundamento da agonia das classes populares, que eram constantemente golpeadas nas suas conquistas, costumes e dinâmica de vida. As denúncias de tal situação foram uma constante na produção musical *rap*:

> É uma grande falta de vergonha
> [...]
> Ontem alguém morreu numa fila de hospital
> E o pior
> Nada, nada fazem pra melhorar
> Não aguento
> Não aguento tanta incompetência
> Vou falar, protestar
> Não!
> Não tente me calar.[20]

---

[19] Realidade Cruel, "O crime não é o creme", CD *Quem vê cara, não vê coração* (Hortolândia, 2004, independente).
[20] GOG, "Soluções", cit.

O impacto da reestruturação do capitalismo na vida das pessoas comuns foi imenso, agudizando problemas sociais crônicos e ampliando as tensões presentes nas relações de poder/sociais. Não por acaso presenciamos a eclosão de muitos movimentos sociais na década de 1990, alguns deles claramente orientados por uma posição contrária à globalização[21], ao neoliberalismo e às suas consequências. Foram construídos por pessoas que sentiram no seu cotidiano o peso das mudanças em processo e que avançavam um dia após o outro. Ainda que os *rappers* não tenham adotado uma postura de enfrentamento (nos moldes do MST ou dos zapatistas), eles se fizeram presentes no debate sobre a violência desse modelo de gestão e manutenção da sociedade capitalista e, mais ainda, denunciaram/propagaram a crueldade que se espalhou pelo país.

E não pouparam palavras no momento de enumerar aqueles que identificavam como os maiores responsáveis[22] pela configuração social que se formou. Setores vinculados à política institucional (sobretudo políticos conservadores, intelectuais de direita, empresários etc.) que, junto a outros segmentos sociais, reconfiguraram a hegemonia capitalista e fizeram a defesa da implementação de umas tantas transformações e zelaram pela legitimidade do "novo" ordenamento social foram considerados

Traidores,
Patrocinadores do circo de horrores
Vendidos, manipulados
Homens caluniadores,
Carrascos do seu próprio povo

---

[21] Não compreendo globalização como o suposto fim das barreiras/fronteiras ou o encurtamento das distâncias, como alardeado pelo senso comum e pelos ideólogos que trataram de pôr em circulação argumentos sedutores. Globalização, aqui, refere-se a uma nova fase do capitalismo. Os *rappers*, por exemplo, em nada se oporiam à globalização se ela estivesse de fato relacionada ao fim das barreiras sociais, da circulação irrestrita de pessoas e culturas. Ao se valerem de um gênero "estrangeiro", evidencia-se que essas pessoas não colocam restrições à circulação de ideias e práticas culturais. Seus questionamentos e insatisfações são por ela ter acionado uma orientação social, política e econômica que multiplicou as desigualdades e desmontou articulações/garantias sociais em nome da mercantilização sem limites. Ver François Chesnais, *A mundialização do capital* (São Paulo, Xavana, 1996).

[22] Em certo sentido, também não negaram a responsabilidade que tinham, verbalizando a necessidade do envolvimento das pessoas com a causa da transformação social: "pega nos caderno e se alista/não foge, não se esconde/[...]/precisamos de cada um pra guerrear/[...]/sozinho não dá pra chegar a nenhum lugar/não tem pra ninguém se a gente se juntar". Ouvir Realistas, "Nosso inimigo é outro", CD *Só prus guerreiro* (Belo Horizonte s/d, independente).

Vocês me dão nojo,
Vocês me dão ânsia.[23]

Assim, o capitalismo brasileiro contemporâneo e toda a palavra emprenhada em sua construção caíram em descrédito quando o tribunal da opinião levou a julgamento a realidade social que em nada se assemelhava às promessas de que, sob o ideário da nova ordem, "da mensagem ideológica que ouvimos todos os dias e que predomina amplamente como pano de fundo da política brasileira atual"[24], seria possível criar a "condição para a realização das aspirações de todos no futuro"[25]. Levantaram-se suspeitas, calúnias, desconfianças e reprovações que atingiram em cheio aqueles que na prática trabalharam para o aprofundamento das desigualdades sociais (inclusive no interior das esferas institucionais), na contramão do que seria ideal na perspectiva da grande maioria dos *rappers*. Nesse campo de conflitos, os políticos profissionais figuram em lugar de destaque, como revela o extenso, porém significativo, trecho de uma composição:

> Meu inimigo tá a mil de BMW
> Com mansão confortável, prostituta do lado
> Horário reservado na TV, no rádio
> Pra reverter meu voto em caixão lacrado
> Quem come lixo é presa fácil, é um, dois
> Vai pra urna por um quilo de arroz
> Pega fila no sol com título de eleitor
> Pra pôr ladrão na limusine com batedor
> O país privatizado do Plano Real
> Só me dá indulto de Natal, uma condicional
> [...]
> Destruo o seu barraco, te dou uma cobertura
> Promessa de campanha do demônio engravatado
> Que tem a avenida de orçamento superfaturado
> [...]
> Eu não preciso de internet, biblioteca
> Pra entender a política moderna
> Pra mim é tiro de 12, ódio, dor

---

[23] Apocalipse XVI, "Meus inimigos estão no poder", CD *Segunda vinda, a cura* (São Paulo, 7 Taças, 2000).

[24] César Benjamin et al., *A opção brasileira* (Rio de Janeiro, Contraponto, 1998), p. 151.

[25] Ibidem, p. 152.

Pra quem roubou meu voto é conta no exterior
Filho na Disneylândia com Mickey, com Pluto
Torrando a propina do camelô no primeiro mundo
Salário mínimo aprovado no Senado
É apologia ao empresário torturado, esquartejado
A Câmara dos Deputados cheira a carnificina
Tem a feição de Hitler nazista
Verbo terrorista, Facção até morrer
Usando a mente como um tiro de PT.[26]

Os beneficiários da ofensiva neoliberal foram responsabilizados pelas catástrofes que atingiram a sociedade. O fato de uns se beneficiarem, enquanto outros cuidavam de "pagar a conta" desse ajuste do capitalismo que arrochou as já duras condições de vida dos trabalhadores, originou um mal-estar que expressa parte dos conflitos sociais existentes, em que a precariedade foi "capitalizada" para aprofundar os mecanismos da dominação social, como traduzido pelo *rapper* Eduardo:

Tá com fome,
Vota em mim que tem comida
Problema é água,
Eu trago carro-pipa.[27]

Nesse contexto, as vivências cotidianas foram reconfiguradas a partir da narrativa dos *rappers* e atreladas a processos sócio-históricos de opressão. Ao exprimir em termos discursivos e poéticos o significado de suas experiências e a de seus iguais (negros, pobres, favelados, periféricos), produziram um relato em que elas emergiram associadas à exploração. Essa opinião deu sentido às vivências sociais do período e é perceptível em várias intervenções feitas por *rappers*, por exemplo, quando Mano Brown comentou uma das letras de seu grupo antes de uma apresentação em Porto Alegre:

Aê, aê, mano, em todo lugar que o Racionais vai, em toda periferia, morô?, seja em São Paulo, seja no Rio, seja em Belo Horizonte, morô?, mano, seja na baixada santista, morô?, os problemas são parecidos, as pessoas são parecidas, o modo de vestir é parecido. Se você pensa que você que é muito diferente dos mano lá de São Paulo, cê tá enganado [...] nós somos tudo de um povo só, tá ligado? Um povo que desde que chegou aqui no Brasil,

---

[26] Apocalipse XVI, "Meus inimigos estão no poder", cit.
[27] Idem.

por trezentos e tantos anos de escravidão nunca recebeu nenhum cruzeiro de indenização, morô? [...] aí, ninguém deu a liberdade pra nóis, mano, nem pra minha mãe, nem pra sua mãe. A minha mãe conseguiu a liberdade dela lavando roupa pra *playboy*, morô? Tá ligado? Minha mãe conseguiu a liberdade dela passando roupa pra *playboy* pra ganhar salário de merda, tá ligado? A escravidão pra mim ainda não acabou.[28]

Aí, passado e presente se misturam no modo como o *rapper* cria sentidos para a realidade social. A questão, no caso, não é o trabalho em si. É, isso sim, a maneira como o trabalho é experimentado e recompensado que lhe atribui o sentido de exploração[29]. Inserindo-a em uma perspectiva de longa duração, constata que a condição de exploração tem lastro histórico e que, apesar das mudanças e das conquistas verificadas ao longo do tempo, o grupo social do qual provém continua como um estrato social explorado e em desvantagem quando o assunto é a divisão das riquezas produzidas socialmente – algo que foi reforçado pela ofensiva neoliberal.

A consciência que os *rappers* desenvolveram colocou em questão igualmente o papel das supostas instâncias estatais de proteção e de garantias. No seu entendimento, elas falharam, pois

> Por aqui ainda tem enchentes
> E barracos
> Famílias desabrigadas
> Crianças morando nos pátios
> De escolas públicas
> Sonhando com a ajuda
> Do governo que não viabiliza a infra-estrutura
> Tenho comigo um sentimento de revolta
> Mas o *rap* não faz mágica
> Não tira da cartola[30]

A dimensão sensível dos sujeitos confrontados pela ação ou omissão de gestores públicos é perceptível também no que diz o *rapper* Eduardo, em bate-papo com o *rapper* e escritor Ferréz, no Bar do Saldanha, em São Paulo: "é só você olhar pra

---

[28] Mano Brown em show em Porto Alegre. Ouvir Racionais MC's, CD *Ao vivo em Porto Alegre*, independente, 1998 (não oficial).

[29] Ver, E. P. Thompson, "Exploração", em *A formação da classe operária inglesa*, v. 2: *A maldição de Adão* (Rio de Janeiro, Paz e Terra, 1987).

[30] Realidade Cruel, "A trilha sonora do gueto", CD *Dos barracos de madeirite... aos palácios de platina* (Hortolândia, independente, 2008).

periferia, pra favelização, que você vai entender que existe uma luta de classes, entendeu?"[31] Complementando sua ideia, ele mostra como encara esse conflito:

> essa luta de classes se dá onde? Claro, não passa o *playboy* de jatinho jogando míssil, não passa ele de limusine atirando. [...] [é] através dos empregos, aonde ele tem lucros exorbitantes em cima da mão de obra do empregado que recebe um salário que é um valor x estipulado justamente pra que ele só não morra de fome, pra que ele volte no outro dia, não pra que ele ascenda socialmente. [...] uma classe tentando derrubar a outra.[32]

Claro que a classe dominante não se reúne em uma assembleia para definir as diretrizes com o objetivo único e exclusivo de orquestrar a dominação implacável dos que possuem apenas a força de trabalho para defender a sobrevivência. Se existem níveis variados de dominação, parte se dá pela própria dinâmica do processo social em curso, à qual se acrescenta a ação daqueles que trabalham inclusive no plano da subjetividade para naturalizar seus valores e resultados[33]. Entretanto, por mais simplistas que pareçam, é nesses termos que a vida social é sentida por determinadas pessoas que vivenciaram o Brasil das últimas décadas, dentre elas alguns *rappers*.

Nesse mesmo sentido, para os gestores sociais e os políticos, se as atividades que exercem profissionalmente não reverberam positivamente no campo social – por não operarem na perspectiva de desconstruir situações de opressão, reduzir a miserabilidade e promover uma melhor distribuição e acessibilidade aos equipamentos imprescindíveis à vida social, como escolas, hospitais, lazer – restam palavras e atos de reprovação:

> Se o mundo tá louco
> O povão tá pior
> Se depender de político
> Vai ficar só o pó.[34]

---

[31] Carlos Eduardo Taddeo, entrevista concedida a Ferréz, no Bar do Saldanha, em São Paulo, e exibida no dia 10 dez. 2008 no programa *Manos e Minas* da TV Cultura.

[32] Idem.

[33] Não é por acaso que "é lugar-comum, hoje, em qualquer parte da sociedade produtora de mercadorias, um clima de *adversidade* e *hostilidade* contra a esquerda, contra o sindicalismo combativo e os movimentos sociais de inspiração socialista"; ver Ricardo Antunes, *Adeus ao trabalho?* (São Paulo/Campinas, Cortez/Editora da Unicamp, 2002), p. 75.

[34] Negredo, "Som de resposta", CD *Mundo real* (São Paulo, Atração Fonográfica, 2006).

Na poética dos criadores de *raps*, é possível captar os sinais de uma leitura do processo social em que a situação de urgência em que estão metidos vem sendo constantemente negligenciada, o que explica, em parte, seu descontentamento:

> Vejam os jovens *rappers*
> Pela cidade
> Pregando a moralidade
> Por outro lado, vejo o quadro inverso
> Velhos gagás
> À toa no Congresso
> Alguém se vira e me pergunta:
> Por que tanta ira?
> Vivo entre a mira
> Do mala e do tira.[35]

Dessa forma, colocavam-se às claras ante sujeitos e instituições que deveriam atender os anseios da coletividade por serem, em tese, representantes dela. Assim, eles não falavam apenas aos seus iguais, porque, se o *rap* era som de favelado, de preto, de pobre, era também a música que falava para o asfalto/centro[36], para as classes dominantes, para os formuladores de políticas públicas, como vemos claramente na composição "Brasil sem educação", do Face da Morte:

> Aí, Ministro da Educação,
> O futuro da nação
> Vai à escola só pela refeição
> [...]
> Crianças esperanças
> Que não foi a escola por causa do frio
> Ou da chuva
> Que não tem caderno, lápis
> Sapato nem blusa
> [...]
> Será que você consegue avaliar a situação dessa criança
> Carente, faminta, machucada por dentro
> [...]
> Aí, ministro, Brasil tá sem educação

---

[35] GOG, "Papo cabeça", LP *Peso pesado* (Brasília, Discovery, 1992).
[36] É comum a referência a dualismos sociais no universo *rap*, mostrando antagonismos entre favela/morro e asfalto, ou centro e periferia.

> [...]
> Aí, ministro, sou porta-voz desse povo faminto
> Meu povo sofre, sofre, se lembre bem disso
> [...]
> Pode crer que eu não sou bobo
> Cadê as faculdades para o povo?
> Onde estão as promessas mostradas pela Globo?
> [...]
> No Brasil sou mais um que foi oprimido
> Com aquele salário de fome iludido[37]

Essa postura engajada dos *rappers* expressa o ponto de vista de setores sociais específicos. O *rap* sustenta a ideia de que existem vários "brasis", pois, ainda que a experiência histórica seja a mesma para certo grupo de pessoas, o modo como a vivenciaram e a elaboraram mentalmente – equacionando-a a partir de valores, sentimentos, ideias – é distinto. A experiência e a sensibilidade gestadas com base em disposições sociais (lugares culturais, econômicos, políticos) criaram as representações desarmônicas da poética *rap*. Quando o Clã Nordestino, juntamente com Gaspar (MC do Z'África Brasil), canta em "Coração feito de África" que

> Reverencia a rebeldia
> Contra a burguesia
> Que te aprisiona, te deixa em coma
> Refém da covardia
> [...]
> Justiça, dignidade
> Sem maquiagem, sem trairagem
> África, Brasil
> Periferia sem *apartheid*
> [...]
> O terrorismo no Brasil do coronelismo
> O país dos dízimos, do capitalismo
> Do egoísmo, reduzido em ismos
> E vamos indo contra a elite
> Suportando como pode
> É forte o choque

---

[37] Face da Morte, "Brasil sem educação", CD *Crime do raciocínio* (Hortolândia, Sky Blue, 1999).

A sua Glock não destrói
Meu *hip hop*[38]

estão mobilizando sentimentos (e ressentimentos) e forjando uma imagem clara que contrasta o posicionamentos dos *rappers* com o dos cultores do neoliberalismo empenhados em fazer frente às crises de acumulação do capital[39].

Esta é, enfim, a opinião manifestada por sujeitos que criaram uma leitura pertinente para a realidade social, ao pronunciarem a sentença de condenação do modelo social atual. Pudera, para eles o tempo não pára e há tarefas inadiáveis: "o *hip hop* não pode mais perder tempo [...] estamos trabalhando com vidas, com pessoas que vivem à margem [...] e temos que cobrar do poder público"[40].

---

[38] Clã Nordestino, "Coração feito de África", cit.

[39] Ver Gustavo Viana Machado, *A burguesia brasileira e a incorporação da agenda liberal nos anos 90* (Campinas, Unicamp, 2002), dissertação de mestrado em economia.

[40] Nando, do grupo Clã Nordestino, de São Luis, em entrevista concedida a Alessandro Buzo, 2 dez. 2008, disponível em: <buzoentrevistas.blogger.com.br>.

REPRESENTAÇÕES, EXPERIÊNCIAS, VERDADES

Em 1998, foi lançado o videoclipe da música "Diário de um detento"[1], que compõe o CD *Sobrevivendo no inferno*[2], do grupo Racionais MC's. O detento é um velho conhecido dos ouvintes do gênero, Mano Brown, que, vestindo a peculiar calça bege que uniformizava os encarcerados, canta, à medida que circula pelo interior do presídio Carandiru – nos corredores das celas, no pátio, na oficina, na barbearia –, *flashes* da vida na prisão, reportando, além daquele cotidiano, precisamente o massacre de 1992.

Na canção, o *rapper* narrador é um presidiário que sobreviveu ao conhecido "massacre do Carandiru" e conta como foi a chacina:

Amanheceu com sol, 2 de outubro
Tudo funcionando, limpeza, jumbo
De madrugada eu senti um calafrio
Não era do vento, não era do frio
Acertos de conta têm quase todo dia
Ia ter outro logo mais, eu sabia
[...]
Fumaça na janela, tem fogo na cela
[...]

---

[1] Racionais MC's, videoclipe de "Diário de um detento" (dir. Mauricio Eça e Marcelo Corpani, 1998).

[2] O CD *Sobrevivendo no inferno* foi o que alcançou maior projeção dentre todos os discos produzidos no *rap* brasileiro. Para uma análise de sua materialidade, de seus elementos imagéticos e discursivos e da sua relação com a sociedade contemporânea, ver Caio B. Mello, *A poesia envenenada dos Racionais MC's*, disponível em: <obeco.planetaclix.pt>.

> Era a brecha que o sistema queria
> Avise o IML, chegou o grande dia
> Depende do sim ou não de um só homem
> Que prefere ser visto pelo telefone
> *rá-tá-tá-tá*, caviar e champanhe
> Fleury foi almoçar, que se foda a minha mãe!
> Cachorros assassinos, gás lacrimogêneo...
> Quem mata mais ladrão ganha medalha de prêmio!
> o ser humano é descartável no Brasil
> [...]
> Cadáveres no poço, no pátio interno.
> Adolf Hitler sorri no inferno!
> O Robocop do governo é frio, não sente pena
> Só ódio e ri como a hiena.
> *rá-tá-tá-tá*, Fleury e sua gangue
> Vão nadar numa piscina de sangue.[3]

A composição rememora, cinco anos depois, o acontecimento daquele outubro de 1992 em que a Polícia Militar invadiu o Pavilhão 9 da prisão[4]. Em aproximadamente oito minutos, tem-se um relato do episódio que deixou 111 detentos mortos[5]. A autoria do relato é atribuída, em parte, a Jocenir, interno da Casa de Detenção Carandiru: "Brown tinha ido ao Carandiru participar de um jogo de futebol, quando o detento lhe entregou a letra, depois acrescida de outras histórias que o *rapper* recolheu de cartas enviadas por presos"[6], o que confere fortes traços de realismo.

A maneira como a canção foi concebida ressalta, de fato, intentos realistas, característica que se tornou hegemônica dentro desse universo cultural. Os episódios narrados ganhavam autoridade e legitimidade na medida em que eram sustentados na experiência vivida, pois os *rappers* "não simul[avam] sentimento pra vender

---

[3] Racionais MC's, "Diário de um detento", CD *Sobrevivendo no inferno* (São Paulo, Cosa Nostra, 1997).

[4] Análises sobre o acontecimento em questão podem ser encontradas em Dinaldo Sepúlveda Almeida Filho, *Os mistérios do Carandiru* (Rio de Janeiro, PUC-RJ, 2007), dissertação de mestrado em comunicação social, e Carla S. Leite, *Ecos do Carandiru: estudo comparativo de quatro narrativas do massacre* (Rio de Janeiro, UFRJ, s/d), dissertação de mestrado em ciência da literatura, em que a autora aborda quatro *raps* (incluindo "Diário de um detento") que tratam do massacre.

[5] Xico Sá, "Banalidade da violência inspira grupos", *Folha de S.Paulo*, 28 jan. 1996.

[6] Fernando Oliva, "'Detento': Mano Brow filma no Carandiru", *Folha de S.Paulo*, 29 jan. 1998.

CD"[7]. Os temas priorizados eram aspectos do cotidiano, no diálogo com o social e com as vivências (observadas ou experimentadas), o que marcou a sensibilidade *rap* e o seu processo de compor. São inúmeras as composições que mostram isso, a exemplo de "Diário de um detento" e também de "A marcha fúnebre prossegue", na qual os *rappers* induzem o ouvinte a acreditar que eles falam do que e sobre o que estão vendo:

> Não vou falar de paz vendo a vítima morrer
> Vendo no DP mano cumprindo pena
> Matando no seguro pra ter transferência
> Vendo a criança no Norte comendo caquito,
> Gambé desovando mais um corpo no mato.[8]

Temos uma produção artística inspirada na vida social, uma experiência inegavelmente dramática que emerge nas filtragens da realidade pelas representações e reelaborações dos *rappers*:

> Não iludo o casal dirigindo feliz a pampa
> Fora da blindagem é um sonho a segurança
> [...]
> No balcão uma com limão pra esquecer o desemprego
> E bater na mulher, quando chegar à noite bêbado
> Desde as 4 da manhã e nem vaga pra lavar privada
> O mano perde a calma, mata a família e se mata
> Caixão lacrado não estimula verso alegre
> Aqui, filha da puta, a marcha fúnebre prossegue
> [...]
> Queria que a vida fosse igual na novela
> *Jet ski* na praia, esqui na neve europeia
> Sem pai de família gritando assalto
> Ou sendo feito de escravo,
> Com 1.5.1 por mês de salário
> Que não enche nem metade de um carrinho no mercado
> Não paga luz e água,
> O aluguel do barraco
> Aqui pro cidadão honesto ter um teto

---

[7] Facção Central, "A marcha fúnebre prossegue", CD *A marcha fúnebre prossegue* (São Paulo, Discoll Box, 2001).

[8] Idem.

Só pondo o fogão na cabeça, invadindo o prédio
Saindo na mão com o PM do choque
Sobrevivendo o tiro da reintegração de posse
Pergunta pro tio do terreno invadido no escuro
O que é um trator transformando sua goma em entulho[9]

As tensões das relações sociais se encarnam na linguagem *rap* e projetam a produção cultural como uma memória seletiva de aspectos do trabalho, da política, dos costumes, dos símbolos e valores do emaranhado que é a sociedade contemporânea[10]. É possível pensar essas músicas como portadoras de elementos constituintes das constantes mudanças sociais, como um campo de luta em que as disputas de domínio e afirmação social se fazem presentes. São representações que reconstroem (ou constroem em articulação com) elementos/acontecimentos socialmente vividos. Em suma, um processo de reconfiguração da experiência que estreita os laços entre cultura e vida social.

As letras estão carregadas de imagens intimamente ligadas a aspectos sociais e indicam a existência de experiências conflitantes em torno da construção de um conhecimento que represente uma ideia, dentre outras possíveis, de cidade/sociedade. Em um quadro muito amplo que "traduz" as percepções do mundo social, é possível dizer que elas despontam, como frisou Thompson em outro contexto, em meio a um "vínculo com a vida material e as relações materiais em que surgem as nossas ideias. São as normas, regras e expectativas etc. necessárias e aprendidas (e 'apreendidas' no sentimento) no *habitus* de viver".[11]

Esse vínculo inescapável entre arte e vida, entre vida e sociedade, institui o *rap* como parte das questões de seu tempo, como linguagem que evidencia práticas sociais, representações, sentimentos e ações inscritas na vivência social. No caso do *rap*, o que chama atenção é o fato de as transformações que conhecemos como históricas e/ou com certo distanciamento, serem apresentadas, com bastante ênfase,

---

[9] Idem.

[10] Para uma discussão sobre como a memória e suas representações são parte constituinte de disputas e conflitos sociais que opõem grupos com posicionamentos políticos diversos, ver Michael Pollak, "Memória, esquecimento, silêncio", *Estudos Históricos*, Rio de Janeiro, CPDoc, v. 2, n. 3, 1989, que analisa como "a memória, essa operação coletiva dos acontecimentos e das interpretações do passado que se quer salvaguardar, se integra [...] em tentativas mais ou menos conscientes de definir e de reforçar sentimentos de pertencimento e fronteiras sociais entre coletividades de tamanhos diferentes" (p. 9).

[11] E. P. Thompson, *A miséria da teoria* (Rio de Janeiro, Zahar, 1981), p. 194.

como experimentadas na própria carne: "'Sentimos na pele, mano', diz Camburão, 22, líder do grupo Pavilhão 9, uma dos mais importantes de São Paulo"[12]. Reflexões, denúncias, conformismos e resignações são verbalizados como algo vivido ou visto[13].

No *rap,* tanto quanto em inúmeras outras situações, a "experiência é *determinante,* no sentido de que exerce pressões sobre a consciência social existente"[14]. É bom salientar, ainda que alguns *rappers* afirmem o contrário, que não se trata de uma expressão direta, mas, sim, de um registro ativo. Revela-se aí uma prática social que lê as experiências por um determinado prisma:

> Aqui é só outro mano, sem boné, sem estudo
> Sem currículo, curso, talvez sem futuro
> Entendeu, dono do iate, o apoio da favela?
> Faço parte dela, sou fruto da cela
> Não deram faculdade pra eu me formar doutor
> Então a rua me transformou no demônio rimador
> Enquanto meu corpo não virar carniça
> Eu tô num rádio, num vídeo,
> Lançando minha ofensiva
> Nem *Cherokee,* nem piscina, nem modelo vadia
> Compram a atitude do mano do quarto e cozinha
> A traca verbal é um dois pra acionar
> É só o menino faminto chorar pro dundum descarregar
> Programado pra rimar, buscar a igualdade
> Pra ser ameaça pra sociedade
> Oficial de Justiça não apreendeu meu cérebro.[15]

---

[12] Xico Sá, "Banalidade da violência inspira grupos", cit.

[13] Tanto é que os *rappers* do RZO, na leitura que fazem dos flagrantes do dia a dia capturados nos deslocamentos de pessoas por trem, tentam legitimá-la afirmando que "o trem é assim/já estive/ eu sei/já estive/muita atenção/essa é a verdade". RZO, "O trem", Single *O trem* (São Paulo, Porte Ilegal, 1996).

[14] E. P. Thompson, *A miséria da teoria,* cit., p. 16. Lembro, ainda com Thompson, que a experiência consiste numa "categoria que, por mais imperfeita que seja, é indispensável ao historiador, já que compreende a resposta mental e emocional, seja de um indivíduo ou de um grupo social, a muitos acontecimentos inter-relacionados ou a muitas repetições do mesmo tipo de acontecimento" (p. 15); ver ainda, da mesma obra, o capítulo "O termo ausente: experiência".

[15] Facção Central, "Sei que os porcos querem meu caixão", cit.

As pessoas envolvidas com essa prática cultural, ao reconfigurar suas experiências sociais, promoveram "o *diálogo* entre o ser social e a consciência social"[16]. O modo de vida e a maneira como o experimentaram concretamente diz muito sobre os fatos narrados, os usos e costumes que se podem perceber no dito e no não dito, no juízo dos enunciadores diante do assunto que abordam, na forma como lugares e momentos da realidade social são construídos e pensados nas composições.

Depois de articular diversos níveis de vivências – experimentadas dos mais diversificados modos –, os músicos divulgaram via canção a "imagem" que criam dos lugares onde se instalaram, pelos quais circularam ou com os quais travaram contato, mesmo que indiretamente. Ao ser inquirido sobre o seu processo criativo, sobre o que o inspirava ou o motivava a escrever suas letras, o *rapper* Edi Rock (do grupo Racionais MC's) foi direto e reto:

> A inspiração sou eu mesmo, eu falo das minhas próprias experiências. E igual a eu existem milhares, milhões no Brasil. [...] E a mensagem é pra esses. Eu já me vi em várias situações difíceis e superei, entendeu? Mas eu tive uma estrutura mínima familiar. Sou filho único, meu pai e minha mãe trabalhavam, só que os dois não tinham estudo. A rua me ensinou também, muita coisa a gente aprende com a vida[17].

Assim, verifica-se que sua produção musical está fortemente assentada nas questões sociais. Daí ser perfeitamente admissível analisar o *rap* como um "*sistema de significações* mediante o qual necessariamente [...] uma dada ordem social é comunicada, reproduzida, vivenciada e estudada"[18]. Nessa perspectiva, essas músicas em nenhuma hipótese podem ser pensadas como descoladas do social, como "um campo apartado de onde efetivamente se desenrola a vida social"[19].

Longe de serem fechadas nelas mesmas, elas articulam práticas, experiências, um viver em determinado tempo e espaço. Isso se evidencia, por exemplo, na fala de Brown que antecede a música "Racistas otários", em apresentação ao vivo do grupo DMN:

> um barato que eu sempre quis falar... é esse negócio de... preto e polícia. *Hey*, polícia, nós tamo aqui, não tamo moscando na sua. Eu vou fazer uma música pra vê o que que dá... vou começar a bater de frente também, vou bater de frente... falar assim: chega,

---

[16] E. P. Thompson, *A miséria da teoria*, cit., p. 17.

[17] Entrevista com Edi Rock, *RapNacional*, 21 set. 2005, disponível em: <rapnacional.com.br>.

[18] Raymond Williams, *Cultura* (Rio de Janeiro, Paz e Terra, 1992), p. 13.

[19] Maria Elisa Cevasco, *Dez lições sobre estudos culturais* (São Paulo, Boitempo, 2008), p. 48.

mano. Agora é o seguinte, vocês vão me ouvir. Essa música eu falo: racistas otários, me deixem em paz [...]. Se você for ver, é o que a música tá falando...[20]

Note-se que, a um só tempo, é uma operação artística e política que capta experiências sociais vividas que ganham forma na narrativa do músico ou dos personagens que ele cria, dando forma estética à consciência adquirida (no caso, o racismo) e mostrando que "os juízos estéticos, morais e sociais estão em estreita correlação"[21]. Essas relações da cultura com as experiências são enfaticamente destacadas. O *rapper* Jota, integrante do grupo Família LDR, ao ser entrevistado pelo site *Para Além do Hip Hop*, manifesta algo que corrobora com os argumentos sobre a convergência cultura/arte e vida social e da forte presença das experiências sociais na prática do *rap*:

PAHH – Onde vocês buscam inspirações para as letras?

Jota – Nosso cotidiano, nada mais que isso.[22]

As falas de Rock, Brown e Jota – que exprimem seus intentos "realistas" – são elucidativas: tiram a música de um lugar idealizado, intocável, e a colocam no campo das relações sociais. Não poderia ser diferente, uma vez que os *raps* estão articulados a saberes, fazeres e viveres praticados por agentes sociais que tanto se alimentam da realidade como a formam. Se se compreendesse, aqui, cultura como "as artes" pura e simplesmente, todo o material pesquisado apontaria uma enorme contradição, dada inclusive a frequência com que os próprios *rappers* procuram realçar o peso social em suas obras. A cultura musical que abordo se nutre de várias dimensões (do entretenimento ao protesto) e, para pensá-la, é preciso que se entenda "a cultura como um todo social, um instrumento de descoberta, interpretação e luta social"[23].

A cultura musical *rap* é amplamente diversificada, respondendo por uma variedade de perspectivas e modos de ver o mundo. Entretanto, a despeito de todas as diferenças, está conectada às experiências de sujeitos socialmente ativos e permite, pelo "filtro" colocado por essas pessoas, apreendê-las, analisá-las e qualificá-las. Suas músicas tratam de situações que implicam a delimitação de grupos sociais,

---

[20] DMN, "Racistas otários", CD *Ao vivo*, s./d.
[21] Raymond Williams, *Cultura e sociedade*, cit., p. 145.
[22] Entrevista com Jota, jun. 2008, disponível em: <paraalemdohiphop.blogspot.com>.
[23] Maria Elisa Cevasco, *Dez lições sobre estudos culturais*, cit., p. 100.

colocando-se como pertencentes a estratos marginalizados, pobres, discriminados, oprimidos, como nesta longa citação:

> Eu sou mais um parceiro desse submundo
> Trazendo à tona notícias
> Ouçam por alguns segundos
> Falo do crime, de um povo que sofre
> Enquanto nas mansões da minoria
> Transbordam os cofres
> O burguês discrimina
> Fala mal de mim, de você, da sua mina,
> Apoia a chacina
> Desmerece o artista, o ativista
> Deturpa a entrevista
> [...]
> Aí, político, eu sou a faca
> Que arranca a sua pele
> A gaveta gelada, o rabecão do IML
> A CPI da favela
> A luta do vinil contra a alienação da novela
> Eu sou o povo, então, posso ser o que quero
> Eu sou o baixo salário, o incendiário
> Ou a foice e o martelo
> Eu sou barraco de madeira
> Criança que chora por falta da mamadeira
> O catador no final da feira
> O sequestrador sem resgate
> O tumulto, a discussão no debate
> [...]
> Sou revolucionário
> Sonora forma de pensar
> Eu sou o papelote
> A inscrição pra receber o lote
> A bomba que explode o batalhão inteiro
> A esperança, o orgulho do povo brasileiro
> O sangue frio, se pan
> Um prato vazio
> Um fato verídico
> A letra que acelera seu batimento cardíaco

A sede de justiça
O ladrão que não deixa pista[24]

Os conflitos inscritos na letra não se dão apenas no plano simbólico, não existem tão-somente enquanto musicalidade. Se eles aparecem nas composições – o "eu" da canção acima é o antagonista do burguês, que o critica – é porque estão instaurados no social, batendo, uma vez mais, na tecla dos que defendem que "você tem de estar baseado no dia a dia, a fonte [das músicas] tem que ser um bagulho próprio teu"[25]. Para a análise do *rap*, vale o que Thompson diz sobre Wordsworth: "não podemos duvidar que [...] a experiência [narrada em seus poemas] seja real e fundamental"[26]. Essas músicas marcam o pertencimento a um grupo social que partilha características/experiências específicas:

Não sou a Disneylândia
Eu sou os becos das
Quebras escuras da Ceilândia
As ruas, as famílias sem o básico
O fim dos fins de semana trágicos
Eu sou favela
Sou viela
GOG, Flagrante, Japão
Agora queimando ideia
Eu sou a cartilha que ensina
O livro que liberta
Contamino o cadeado
O aliado, a corrente,
O analfabeto que surpreende
O trabalhador sem emprego
O cidadão que levanta todo dia cedo[27]

A cultura musical *rap*, à medida que envereda pelos sentimentos envolvidos no viver urbano, reinventa as concepções possíveis para a vida nas cidades brasileiras.

---

[24] GOG, "É o terror", CD *CPI da favela* (Brasília, independente, 2002).

[25] Entrevista com o grupo Facção Central, *RapNacional*, 2 jan. 2004, disponível em: <rapnacional.com.br>.

[26] E. P. Thompson, *Os românticos: a Inglaterra na era revolucionária* (Rio de Janeiro, Civilização Brasileira, 2002), p. 21.

[27] GOG, "É o terror", cit.

Seja como for, o contato com essa produção cultural deixa claro que quem fala por meio dela o faz se alimentando da ordem estabelecida:

> o *rap* é uma coisa autêntica, totalmente nossa, porque ele relata o que vivemos, problemas sociais que vêm desde os nossos antepassados e que têm de ser resolvidos. Por isso falamos deles e tentamos praticar uma forma de mudança. Eu acredito que não só as pessoas que moram em favelas e em comunidades necessitam ouvir o que falo.[28]

Os *rappers*, decididamente, falam como sujeitos inseridos na sociedade e se colocam na contramão das posições hegemônicas, encarando-as, via de regra, como uma experiência social negativa. Por isso repetem, a toda hora, que "na letra tentamos mostrar a realidade em que vivemos"[29]. Ao cruzar música e experiência têm-se indícios de que o social é um processo ativamente vivido, um complexo de lutas no qual diferentes indivíduos/grupos impõem pressões e limites uns aos outros e apresentam sentidos distintos para o que se tornou hegemônico. Por isso, pensar as pontes que ligam a cultura e as vivências é fundamental, mas nunca na chave da transposição cristalina da realidade para o campo artístico/musical, uma vez que, ao se valerem das experiências, os *rappers* criaram representações do real.

***

Em maio de 2007, alguns *rappers* pernambucanos se reuniram para a produção de um CD. A ideia, levada a cabo através da parceria da gravadora In-Bolada Records com o Studio Favela, era fazer um disco de improviso. Com equipamentos precários, sem mixagem, sem masterização e demais etapas do processo produtivo de um "bom" disco, o empreendimento cumpria um dos objetivos, que era fazer circular a voz de MCs que não estavam na TV nem no rádio, mas que estavam, como diziam, no palco mais importante de todos, que era o da vida. Che, Lone, Gringo, Noninho, Júnior, Chipan, Márcio, Felipe, Monkey, Net e Livro, munidos das experiências sociais impregnadas em suas mentes, registraram em áudio várias músicas:

Pra falar a real
Aqui os maloquero

---

[28] Nega Gizza, *rapper* carioca, citada em Guilherme Werneck, "A voz forte das minas", *Folha de S.Paulo*, 7 out. 2002.

[29] Entrevista com o grupo Ilusão Obscura, de Salvador, *Hip Hop Alagoas*, 5 ago. 2008, disponível em: <hiphop-al.blogspot.com>.

Tem os dom e
Não passa mal[30]

Em uma das faixas que compõe o disco temos um trecho no qual um dos *rappers* diz que

Eu agora ri tanto
Que cheguei a ficar sem ar
Mas eu sento aqui
E logo venho a representar
O *hip hop* tá no sangue
Não preciso de gangue
Não tenho som de Gandhi
Mas aqui eu sigo nos alto-falante
Rimando pra você
Transformando em baile a casa do Che
Eu mando um *freestyle*
Studio Favela
Venho de Olinda
Represento ela
Como se fosse minha menina
É carnaval, tem um monte de [inaudível][31]
Que vai lá só pra curtir
E vai se dar mal
Porque eu tô na minha quebrada
Quem manda lá sou eu
Cala boca, cala boca já morreu
Se liga, Che
Rap nacional, representa[32]

O emprego que fazem do termo "representar" marca uma articulação – que envolve sujeito, objeto cultural e a vida social – com as vivências e experiências

---

[30] "Improvisação – Leo, Livro e Che", Coletânea *Improviso de momentos*, independente, 2007.

[31] O *rap* deve ser apreendido pela escuta. Mesmo que quisesse ignorar a orientação metodológica que sugere ao pesquisador de música trabalhar a partir da audição – para um contato com o documento na íntegra –, sem se fixar na busca da letra em outros suportes, isso não me seria possível. São raros os casos de grupos de *rap* em que as letras aparecem no encarte do CD. O inconveniente, no entanto, é o fato de não ser viável, em certos casos, identificar alguns trechos.

[32] "Improvisação – Che, Felipe, Júnior e Bombi". Coletânea *Improviso de momentos*, cit.

sociais e confere, em tese, certa autoridade aos enunciados, como se fosse possível, no limite, anular a distância entre o real e sua leitura[33]. De toda forma, aquele que representa não é alheio ao que é representado, o que permite explorar "as relações que mantêm os discursos e as práticas sociais"[34], focando o estudo nos dispositivos e mecanismos por intermédio dos quais a representação e o representante aparecem como representando alguma coisa.

No caso do *rap*, a força do que é enunciado depende, além de uma reivindicação retórica para tanto, da crença em assinalar a precisão e o estatuto de real daquilo que marca a narrativa. O Studio Favela, ao comentar a importância que atribui ao seu empreendimento, aproveitou a oportunidade para frisar tal postura:

> nesse estúdio maravilhosamente livre e revolucionário nasce a ideia e toda produção para montar um disco, um clássico só com *freestyles* improvisados na hora [...] música livre [...] escute a realidade da Comunidade dos Coelhos [...] mensagem positiva e inovadora, o primeiro disco feito inteiramente só de improvisos em Pernambuco.[35]

Do modo como é dito, se tomado o discurso ao pé da letra, para que se conheça a Comunidade dos Coelhos, não é preciso sequer um esforço de ir a campo. Basta o contato com as composições para experimentar a vida nessa localidade, entender seus dilemas e sua dinâmica cotidiana. São recorrentes as falas construídas com a intenção de desmontar as possibilidades de se ver o *rap* como algo ficcional ou que não esteja firmemente atrelado ao social: nessa linha, um integrante do grupo Urbano MCs proclama que "a opção pelo *rap* se deu porque ele fala a verdade"[36]. Aplic afirma, no mesmo sentido, que "somos igual a todos aqui [em São Matheus, zona leste de São Paulo]; está vendo aquele mano ali, o pedreiro?; é a opção dele, e a nossa foi falar dele"[37]. E os *rappers* do Pavilhão 9, ao comentarem uma letra, asseguram que algumas de suas músicas estão em sintonia com o "que acontece no

---

[33] A respeito da concepção de que "as letras e a postura dos artistas do *hip hop* se fundem na tentativa de anulação das fronteiras entre realidade e sua representação", ver Nelson Maca, "Algumas reflexões sobre o *hip hop*", Palmares, Brasília, Ministério da Cultura, n. 2, dez. 2005, p. 3.

[34] Roger Chartier, *À beira da falésia* (Porto Alegre, Editora da UFRGS, 2002), p. 7.

[35] *Studio Favela: improvisos de momentos*, fev. 2008, disponível em: <in-boladarecord.blogspot.com>.

[36] Everaldo Cortes do Carmo, do grupo Urbanos MCs, de São Paulo, citado em Cristiano Pombo, "Urbanos MCs cantam a periferia no Mundão", *Folha de S.Paulo*, 3 dez. 1998.

[37] Entrevista com Aplic, do grupo Consciência Humana, de São Paulo, *Enraizados*, 25 jan. 2007, disponível em: <enraizados.com.br>.

bairro onde moro"[38]. Os *rappers* do Realidade Cruel sintetizam de maneira clara e objetiva o mesmo argumento:

> Aquilo que nós cantamos
> Não é ficção criada pelas nossas mentes
> É real
> E, acima de tudo,
> Tá mais loco do que eles imaginam.[39]

Todavia, as músicas não são reflexos do real, mas apenas rastros para se compreender o seu muito complexo labirinto; não passam de representações, e essas não são absolutas. Avançando nessa trilha, convém salientar, uma vez mais, que a cultura musical *rap* não é uma prática homogênea e perfeitamente integrada em torno de uma "realidade"/"verdade" rígida e única (qualquer deslize que leve a perceber essa prática cultural como unificada revelará uma distorção). Ela consubstancia elementos contraditórios para se pensar a realidade, embora a ideia de "real" e "verdadeiro" seja um traço central de seu campo multiforme:

> Olhei pras estrelas e lembrei do meu passado
> Vixe, que tristeza, me lembro do meu barraco
> Mas fazer o quê?, essa é a minha história
> Tirá-la da mente ou buscá-la na memória
> [...]
> Os manos da favela muita fé e união
> De cabeça erguida e muita paz no coração
> O meu *rap* não é perfeito mas fala a realidade
> No caminho certo relatando as verdades...[40]

Obviamente, uma questão é falar a partir das experiências, como é o caso das composições aqui tratadas. Outra, muito diferente, é considerar-se portador de verdades, o espelho da realidade. Afinal, nos *raps* e nos objetos culturais de um modo geral, "aquilo que comumente circula não é a 'verdade', mas uma representação"[41].

---

[38] Sérgio Martins, "Pavilhão 9 vem 'armado' em novo CD", *Folha de S.Paulo*, 22 mar. 1999.
[39] Realidade Cruel, "A marcha dos glorificados", CD *Quem vê cara, não vê coração* (Hortolândia, independente, 2004).
[40] Consciência Ativa, "Contratempo", CD *Na mira do sistema* (Campo Mourão, s/referências).
[41] Edward Said, *Orientalismo: o oriente como invenção do ocidente* (São Paulo, Companhia das Letras, 2007), p. 52.

Se não são a própria realidade socialmente vivida, essas práticas culturais também não são meramente imaginativas[42], mantendo presente a inter-relação realidade e ficção, que, a rigor, não deixa de fazer parte do real.

Os *rappers* ressaltam que sua função "é testemunhar o que acontece nas ruas"[43], que "canto a minha experiência, através do que eu vejo hoje"[44] ou que "o *rap* tá muito ligado com a verdade"[45]; porém, o que importa não é a verdade em si ou a realidade propriamente dita, mas como eles constroem circuitos de verossimilhança:

> Para que um circuito discursivo qualquer se complete, é preciso que haja algum tipo de adequação entre suas significações e o sistema de representações dos receptores. Em outros termos, é necessário que o discurso produza alguma ressonância junto àqueles aos quais se dirige, caso contrário nada significará, ou melhor, poderá ter sentido, mas não "fará sentido" – será inverossímil – para os receptores. [...] O que está em jogo [...] é saber se o discurso [...] é *vero-símil*, ou seja, capaz de parecer-se à representação que se tem dessa realidade.[46]

Essas músicas são representações ativamente construídas num campo de disputas, de lutas de representações – em meio a embates das representações que legitimam ou justificam as escolhas, valores e condutas de certos grupos em relação a outros – que são tão importantes quanto as lutas travadas em outras áreas. As relações expressas pelas representações estão também articuladas com as relações de poder, e graças a elas um grupo/classe pode "impor" suas visões e concepções do mundo social como aquelas que devem ser predominantes[47].

No universo *rap*, embora se insista na tese da descrição fiel da realidade –

---

[42] Para formulações gerais a respeito do assunto, ver Carlo Ginzburg, "Paris, 1647: um diálogo sobre ficção e história", em *O fio e os rastros* (São Paulo, Companhia das Letras, 2007).

[43] Celso Massom, "Eles não sabem de nada", *Veja*, 7 dez. 1994.

[44] Depoimento do *rapper* Preto Mais, de Teresina, em Antonio Leandro da Silva, *Música rap*, cit., p. 212.

[45] Entrevista com Carlos Eduardo Taddeo, *Mundo Black*, 2009, disponível em: <mundoblack.com.br>.

[46] José Guilherme Magnani, *Festa no pedaço: cultura popular e lazer na cidade* (São Paulo, Hucitec, 1998), p. 54.

[47] Ver, por exemplo, Reginaldo Moraes, *Neoliberalismo: de onde vem, para onde vai?* (São Paulo, Senac, 2001), em que o autor desnuda o processo pelo qual os grupos que defendiam valores e práticas neoliberais "impuseram" ao restante do planeta sua concepção de mundo, inclusive atacando moralmente os adeptos de ideias contrárias às suas.

> Demos a volta por cima
> Fizemos do *rap* nossa voz
> Que canta a realidade
> E representa[48]

–, não quer dizer que exista um "real" como *mímesis* a ampará-lo. É necessário pensar os elementos culturais como sendo uma linguagem que constitui igualmente o real, como prática social ativa e formadora da consciência social, e não como reflexo do mundo material, um instrumento pelo qual esse mundo se dá a conhecer[49]. Assim, tomo os *raps* não como reflexo do real, mas como indícios vivos de um processo social em permanente construção, o que leva a "uma compreensão dessa realidade através da linguagem, que como consciência prática está saturada por toda atividade social, e a satura"[50].

Existem, então, no lugar de realidade ("tudo aqui é real"[51]) e verdades travestidas em músicas ("o que tá sendo cantado ali tem verdade [...] entendeu?"[52]), lutas por uma concepção de mundo, daquilo que são e do que pretendem ou desejam ser. Na análise das composições, não vem ao caso investigar um simples reflexo da vida social no campo da cultura ou somente o quanto ela pode ser representativa das tramas societais. É o caso de conceder a devida importância à configuração de uma consciência do viver o social, pois as músicas circulam inclusive como instrumento de luta que disputa sentidos para a vida social. Daí ser preciso pensar as "representações como representações, e não como descrições 'naturais'"[53].

Os caminhos dessa reflexão são difíceis de enfrentar, porque os conceitos interagem com uma história e uma experiência em transformação e, portanto, não são rígidos, mas problemas históricos em movimento. As representações estabelecem uma complexa relação com o mundo social do qual são parte integrante. Elas podem dá-lo a conhecer, comunicá-lo. Podem se transformar em modos por meio dos quais os homens "veem" a realidade ou em formas de tratar de aspectos de suas vivências. Por isso, a questão de se construir sentidos para o mundo por intermé-

---

[48] OrganismoRap, "Grana", CD *Dando a volta por cima* (Uberlândia, 2008, independente).

[49] Sobre o assunto, ver Raymond Williams, "Língua", em *Marxismo e literatura* (Rio de Janeiro, Zahar, 1979).

[50] Ibidem, p. 43.

[51] "Improvisação: Lone e Che", *Improviso de momentos*, cit.

[52] Entrevista com Carlos Eduardo Taddeo, *Mundo Black*, 2009, disponível em: <mundoblack.com.br>.

[53] Edward Said, *Orientalismo*, cit., p. 51.

dio de músicas coloca em destaque relações de ausência, presença e substituição[54], inerentes ao debate sobre o conceito de representação. Atentar para essas questões, para o opaco, para as distorções das representações não implica, no entanto, negar a ideia de algo concreto. O caráter complexo dessas afinidades é perceptível, por exemplo, na problematização proposta por Carlo Ginzburg em seu diálogo com a obra de Renato Serra: "Serra sabia bem que todas essas narrações, independentemente do seu caráter mais ou menos direto, têm sempre uma relação altamente problemática com a realidade. Mas a realidade ('a coisa em si') existe"[55].

Isso possibilita pensar nas formas, nos motivos e nas práticas que nos conduzem ao acesso à sociedade a partir do modo como é construída em termos simbólicos/culturais. Impõe a necessidade de investigar como a realidade é constituída contraditoriamente por diferentes grupos, como determinados grupos projetam sua própria maneira de estar no mundo (identidade, estilos de vida etc.). Por mais que os *rappers* tenham difundido a ideia de que suas composições revelam a verdade acerca do mundo atual, refletir sobre elas como práticas e como representações é o que as torna inteligíveis no contexto social mais amplo. As articulações entre os indivíduos e o mundo social, quando problematizadas pelo uso da noção de representação, proporcionam reflexões sobre os modos de registro do vivido/experimentado, permitindo reconstruir uma variedade de situações nos diferentes campos da vida social. Tudo isso leva ao estudo dos lugares de produção, dos meios de elaboração, do repertório das trocas culturais por intermédio de apropriações, na intenção de buscar não somente o que é representado, mas também como e por que o é.

A leitura social e cultural da realidade é multidimensional e está ligada a processos sócio-históricos que põem frente a frente a experiência e sua interpretação. Assim, os *raps* devem ser entendidos sempre como construções ativas, ancoradas e condensando tensões e as colocando em circulação, transformando-se em instrumento pedagógico para aqueles que compartilham do gosto por tal manifestação cultural, de um lado, e servindo para fomentar protestos e insubmissões (mesmo que moleculares[56]), de outro. Tais questões são evidentes na forma, muitas vezes

---

[54] Ver Carlo Ginzburg, *Olhos de madeira: nove ensaios sobre a distância* (São Paulo, Companhia das Letras, 2001).

[55] Idem, "O extermínio dos judeus e o princípio da realidade", em Jurandir Malerba (org.), *A história escrita: teoria e história da historiografia* (São Paulo, Contexto, 2006), p. 226.

[56] Ver Michel Foucault, *Microfísica do poder*, cit.

crítica, como a sociedade brasileira aparece nas composições, ressonância da maneira como os sujeitos se relacionam com o social:

> Vejo no gueto a vida sofrida
> Vivida de forma bandida
> Eu vejo os manos perdendo
> Antes de começar a corrida
> Os opressores arquitetam
> A nova escravidão
> [...]
> A babilônia de concreto
> Quer te destruir
> Leviatã joga sujo
> Pra te destruir[57]

Embora as músicas surjam como plenas de sentidos, como uma verdade incontestável, é necessário problematizá-la por possuir uma realidade "ficcional". O real não se mostra por inteiro numa música, ainda que ela seja parte de uma mesma totalidade social. Consequentemente, independente de como algo é representado, não é a realidade dada, como se ela equivalesse à representação. A realidade da qual os *rappers* se dizem expressão cristalina (porque é "nas ruas [...] que eles arranjam munição para as músicas que são compostas aos trechos, no trajeto entre o trabalho e a escola"[58]) é fruto de uma construção. Nela é possível, no entanto, "identificar o modo como em diferentes lugares e momentos uma determinada realidade social é construída, pensada, dada a ler"[59]. Mesmo que digam que

> Sou um *rapper*
> Que na letra
> Fala a verdade.[60]

---

[57] Renegado, "Sei quem tá comigo", CD *Do Oiapoque a Nova Iorque* (Belo Horizonte, 2008, independente).
[58] Andreia Curry, "O *rap* briga por dignidade urgente", *Jornal do Brasil*, 9 jan. 1993.
[59] Roger Chartier, *História cultural*, cit., p. 17.
[60] Sistema Negro, "Ponto de vista", LP *Sistema Negro* (Campinas, MA Records, 1994).

é preciso fazer-se de surdo; afinal, a "transparência de tais discursos – que produzem a sensação de remeter diretamente à realidade – é o resultado de recursos e manobras estilísticas que ocultam suas condições produtivas"[61].

***

O *rapper* Ralph, que integra o grupo Gírias Nacionais, de Taubaté, cantou certa vez em um campeonato de *skate*. Em forma de música ele narrou "tudo" o que estava acontecendo nesse certame (como é possível perceber pela escuta da faixa em questão). Descreveu o lugar, a cidade e as pessoas – tudo à sua maneira, com o seu olhar, claro – e nessa construção simbólica ele traduziu esse mundo na linguagem do *rap*. Em determinado momento, Ralph salientou que

> A multidão que logo representa
> Essa é a rima que não se aposenta
> Os caras se preparam para a bateria
> Eu represento aqui sem patifaria.[62]

Ao dizer que representa sem patifaria, embute o sentido compartilhado em relações simbólicas de força, a partir das quais não se aceita que um sujeito qualquer imprima significados ao vivido por determinado grupo. É preciso propriedade para tanto; e isso é alimentado pelo que se viveu, a exemplo do exposto por Sabotage:

> O livro que eu li foi o livro de um cara puxando carroça, que era meu pai; uma senhora que trabalhou dez, quinze anos, num ambulatório aí e num teve nada, morreu e não deixou nada, que é a minha mãe [...] eu fui lendo, fui aprendendo a lidar com a vida pela vida mesmo.[63]

O grupo Gírias Nacionais, valendo-se do improviso, sustenta que

> *Rap* improvisado
> É isso que eu mais faço
> Eu mando um abraço, logo
> Dentro do compasso
> Pra todos aqueles que

---

[61] José Guilherme Magnani, *Festa no pedaço*, cit., p. 55, que se apoia em Armando Sercovich para chegar a essa conclusão.

[62] Ralph, "Freestyle" (Taubaté, s/d, independente).

[63] DVD *Sabotage* (s/l, Showlivre, s/d).

Representam os MCs
Sem ficar
Com diz-que-diz
[...]
E no *rap*, movimento,
Eu não me calo
Mando um salve para o bairro
De São Gonçalo, os manos
Pode ver que ninguém vacila
O lance é passo a passo
Seguindo na locomotiva ativa
Porque, senão, preste muita atenção
Se eu falei, falo de novo
Aqui é MC Wilsão
MC Wilsão, que representa e chega devagar
É desse jeito, por aqui
Também vou representar[64]

Nos trechos destacados, aqueles que representam alguma coisa são associados a uma valoração positiva: "sem ficar com diz-que-diz", "sem patifaria", como quem "chega devagar", e "leu" e "aprendeu" com o "livro da vida". Cabe enfatizar novamente que quem representa no *rap*, o faz ancorado em certa legitimidade que provém de determinado campo cultural no qual se partilham experiências e valores, daí derivando a autoridade da fala impregnada pelo vivido. As representações por eles produzidas são manuseadas, pensadas e construídas como uma busca por comunicar uma "realidade" compartilhada:

> você tem que ser observador, ver o que está acontecendo ao seu redor, na vida dos irmãos que estão do seu lado [...] você tem que se informar e saber aquilo que quer falar, colocar na letra, tomar cuidado para não entrar em contradição, tomar cuidado para saber o que está falando porque tem muita gente que tá ouvindo [...] a inspiração está em todo lugar; é uma questão de observar.[65]

As práticas – reais, concretas – podem ser apreendidas, com todo o seu caráter contraditório e conflituoso, com base em representações "pelas quais os indivíduos

---

[64] Gírias Nacionais, "Freestyle", CD *Desista de desistir* (Taubaté, 2003, independente).

[65] Entrevista com Carlos Eduardo Taddeo, do grupo Facção Central, realizada pelo site *Hip Hop Minas*, 31 mar. 2007, disponível em: <hiphopminas.com.br>.

e os grupos dão sentido ao seu mundo"[66], pois há um chão histórico concretamente articulado nas operações de construção da representação. Em consonância com tudo isso, é possível citar o comentário de Chartier a respeito da relevância da obra de Marin, ao destacar que

> o conceito de representação tal como ele [Marin] o compreende e emprega foi um apoio precioso para que pudessem ser determinad[a]s e articulad[a]s [...] as diversas relações que os indivíduos ou os grupos mantêm com o mundo social: [...] produz[indo] as configurações múltiplas graças às quais a realidade é percebida, [...] exibi[indo] uma maneira própria de estar no mundo, [...] formas institucionalizadas através das quais "representantes" encarnam de modo visível, "presentificam", a coerência de uma comunidade.[67]

Essa relação entre o sujeito e o vivido (individualmente ou coletivamente), portanto, não deve ser pensada como mimese. Os *raps* que tomo como representações vêm elaborando as imagens concebidas como uma porta de acesso ao real nu e cru. Aos que contestam tal visão, deixam o recado:

> Será que é miragem
> Um mendigo que come osso
> O gambé porco que pela tua cor
> Deforma teu rosto
> Ou o menino com a 380
> Que rouba o carro?[68]

---

[66] Roger Chartier, *À beira da falésia*, cit., p. 66.
[67] Ibidem, p. 169.
[68] Facção Central, "A marcha fúnebre prossegue", cit.

POÉTICAS DO VIVIDO

Não era uma noite qualquer. Pelo menos não para Eduardo, Dum Dum e sua equipe de trabalho, dez ou doze manos que davam suporte em seus shows. Talvez não tenha sido também para alguns dentre centenas de jovens que se encontravam ali naquela casa de shows, aguardando que Erik 12 começasse a arranhar os LPs nas MK. Naquela ocasião, o grupo Facção Central – pivô de uma das maiores polêmicas entre *rappers* e órgãos de controle social, a ponto de chegar a ter um de seus discos oficialmente censurado[1] – gravaria seu primeiro álbum ao vivo. No auge da festa, Eduardo saúda o público presente:

> Boa noite, favela! Mó satisfação pro Facção, mano, tá aqui no palco trocando uma ideia com vocês. Mano, eu canto com quatro caixão preto lacrado no peito, e sei que muitos de vocês cantam também. É por isso que o *rap*, ele jamais pode se omitir, mano. O Facção fica entre a cruz e a espada, entre ser covarde e fingir que, mano, a gente vive num mar de rosas ou falar a real e ser acusado de apologia ao crime. Mano, se é apologia ao crime falar que as crianças passa fome, que muitos de nós não tem sequer dez centavos pra comprar um pão, que muitos de nós tão morrendo fumando *crack*,

---

[1] Na época em que os *rappers* brasileiros produziram suas músicas, não havia mais no país órgãos de controle e censura da produção artística nacional, investidos de todos os poderes, do período da ditadura militar. Mas havia um controle social que, valendo-se de meios judiciais, tentava cercear as manifestações ofensivas ao ideário dominante e seus valores morais. Apreensão de CDs, detenções em *shows* e coisas quetais exemplificam isso. Ver, dentre outros, Israel do Vale, "Polícia do Rio investiga clipe do *rapper* MV Bill", e Fabiane Leite, "Justiça veta vídeo de rap do grupo Facção Central na MTV", *Folha de S.Paulo*, 23 dez. 2000 e 29 jun. 2000.

que muitos de nós tão morrendo trocando tiro com a polícia, então, que se foda: Facção vai fazer apologia ao crime.[2]

Esse é um esclarecimento junto ao público sobre a poética do grupo (e de boa parte dos *rappers*), que procura apreender e elaborar o sentido do universo de pessoas pobres e periféricas das grandes cidades. Constitui uma resposta àqueles que apontaram as letras do grupo como explosão gratuita de uma violência sem lastro concreto, de denúncias descabidas e ofensivas, de posicionamentos que estavam mais para uma "apologia do mundo cão"[3] do que para a emissão de opiniões que iam ao encontro de acontecimentos da vida social. Para os *rappers* (do grupo e outros mais), entretanto, essa prática era expressão de uma criação artística, a representação do universo social em termos musicais:

> Buiu – Em que você se inspira para compor as músicas que vai estar interpretando hoje [no] show? As letras do Facção [Central] que são sempre discutidas e instigam o público a saber de onde vem tal criatividade.
>
> Eduardo – Ah, mano, é o dia a dia. Quando você vai escrever, tudo pode se tornar letra [...] Então é mais ou menos isso, a inspiração está em todo lugar; é uma questão de observar.[4]

Na mesma batida, Débora se defende dos detratores do *rap*: "dizem que propagamos a violência, porque relatamos como ela se dá"[5]. Temos, então, músicas afinadas com os debates da sociedade contemporânea e que exprimem práticas, posturas, valores, leituras e posicionamentos mais ou menos marginais em relação à ordem dominante, até porque estão frequentemente engajadas no protesto e na crítica social. Tanto é que, para setores que se afinam com os aspectos hegemônicos do mundo atual (mais bem atendidos ou menos afetados pela dinâmica social cruel narrada pelos *rappers*), "o discurso do *rap* é sempre apocalíptico"[6]. Na visão dos *rappers*, seus discursos (musicados, na maioria das vezes) não são apocalípticos,

---

[2] Facção Central, "Introdução", CD *Ao vivo* (São Paulo, Sky Blue, 2005).

[3] "A violência e o som de quem não quer implorar", *Valor Econômico*, 5 fev. 2001.

[4] Entrevista com Carlos Eduardo Taddeo, *Hip Hop Minas*, 31 mar. 2007, disponível em: <hiphopminas.com.br>.

[5] Débora, do grupo APP Rap, citada em Elenita Fogaça, "Jovens ganham incentivo à ação social", *O Estado de S. Paulo*, 13 jan. 2000.

[6] "Câmbio Negro põe *rap* a serviço do bem", *Folha de S.Paulo*, 27 jan. 1999.

mas, sim, o próprio mundo em que vivem. Nesse sentido, seus discursos públicos em forma de música não são nada mais que meras "memórias do apocalipse"[7].

Para muitas dessas pessoas, apocalípticas, no fundo, são as novas maneiras políticas e ideológicas de reforçar o capitalismo contemporâneo, momento de reorganização do capital e de um redimensionamento das contradições entre capital e trabalho que inclusive buscou formar um bloco híbrido de apoio ao ideário da sociedade capitalista, formado não só pelas classes "remediadas" como igualmente pelos pobres. Apocalíptica, na esteira desses acontecimentos, foi a nova configuração societária que promoveu o deslocamento das referências e concepções de cidadania, desmontando antigas ideias e as substituindo por outras que propagavam a noção de que o ideal e bom para todos seria converter direitos adquiridos em serviços, instaurando um mundo em que a concepção de consumidor seria mais importante do que a de cidadão[8].

Essas transformações que atingiram em cheio o mundo social afetaram, embora em níveis diferentes, todas as pessoas e acarretaram mudanças para suas vidas, seu cotidiano, sua maneira de se portar e de enxergar a sociedade e de se enxergar na sociedade. Obviamente, nem todos abraçaram e/ou conviveram pacificamente com a nova ordenação social, e os descontentes se fizeram – e se fazem – presentes de diversas formas, aparecendo aqui e ali em situações distintas e com ações diferentes. Segundo o *rapper* Garnisé, "por mais que [se] tente aprisionar o povo [...] o nosso pensamento permanecerá livre, eternamente livre"[9]. Eis um indício de que houve – algo que, evidentemente, persiste até os dias de hoje – uma tentativa de cooptação ideológica, pensada em termos amplos, já que, no contexto de adoção das ideias e práticas neoliberais, produziu-se uma convergência de discursos que visavam favorecer a identificação com a ordem hegemonicamente instituída. Afinal, a construção de uma hegemonia do mercado não se realiza apenas com medidas de reformas do Estado, sendo necessário, simultaneamente, atacar a subjetividade das pessoas com o propósito de consumar novos consensos e/ou ampliar a faixa de valores compartilhados.

---

[7] Facção Central, "Memórias do apocalipse", CD *O espetáculo do Circo dos Horrores* (São Paulo, Facção Central, 2006).

[8] Ver Boaventura de Sousa Santos, *A globalização e as ciências sociais* (2. ed., São Paulo, Cortez, 2002).

[9] Garnisé, *rapper* do grupo Faces do Subúrbio, de Recife, em *O rap do pequeno príncipe contra as almas sebosas*, cit.

As experiências negativas estimularam os *rappers* a ver os resultados dessas transformações sociais sob uma ótica bastante crítica[10]. Parte considerável de suas músicas veiculou referências acerca do viver na sociedade atual ("a rua nos inspira"[11]), de pessoas que padecem em condições precárias (e de seus antagonistas – "falo do crime de um povo que sofre/enquanto nas mansões da minoria transbordam os cofres"[12]), dos conflitos que presenciaram e/ou daqueles das quais foram protagonistas. Como já foi dito, além do mero entretenimento, articularam em seu discurso questões como violência (física e simbólica), preconceito (de gênero, étnico, cultural, de classe e outros mais), problemas sociais e políticos: "o *rap* é a maneira que a gente tem para falar do nosso dia a dia violento e negligenciado"[13].

Dessa maneira, mesmo sob a hegemonia neoliberal construída a partir dos 1990, não se eliminaram os discursos que interpelaram o funcionamento da sociedade capitalista e as questões a ela inerentes, como a exploração do trabalho e as dificuldades de enfrentar os danos causados pela mercantilização da vida na sua quase totalidade:

> De manhã o meu pai saía pra trampar
> [...]
> Meu pai já nasceu
> Entre a cruz e a espada
> Só a quarta série primária
> Era só um coitado
> Mais um pobre operário
> Uma fração do universo proletário[14]

---

[10] Para outras análises sobre as leituras críticas dos *rappers* envolvendo aspectos sociais contemporâneos, ver Bruno Zeni, "O negro drama do *rap*: entre a lei do cão e a lei da selva", *Estudos Avançados*, São Paulo, v. 18, n. 50, jan.-abr. 2004, e Marco Aurélio Paz Tella, *Atitude, arte, cultura e autoconhecimento* (São Paulo, PUC-SP, 2000), dissertação de mestrado em ciências sociais.

[11] Entrevista com Nando, do grupo Clã Nordestino, 2 dez. 2008, disponível em: <buzoentrevista.blogger.com.br>.

[12] GOG, "É o terror", CD *CPI da favela* (Brasília, 2002, independente).

[13] Bigão, do grupo carioca CRR, citado em "Improviso e rádios comunitárias", *Jornal do Brasil*, 18 ago. 2000.

[14] Face da Morte, "Caravana", CD *Manifesto Popular Brasileiro* (Hortolândia, 2001, independente).

Esse *rap* expressa um elemento da existência de seus compositores, que, como sujeitos sociais adeptos de uma cultura em constante choque com a cultura dominante e com o contexto social como um todo[15], alardeiam sua insatisfação:

> Infelizmente
> É a isso que o pobre é reduzido
> A uma massa de excluídos
> Pelo capitalismo[16]

Pudera, como já se viu em outras passagens deste trabalho, os *rappers* falam de dentro da ordem estabelecida, vivendo nela e se nutrindo dela: "eu queria dar a minha versão pra esse fato. A versão de quem tá de dentro, de quem vive o problema"[17]. Note-se que inclusão, aqui, não implica integração plena; e exclusão não é o mesmo que estar de fora[18]. Historicamente, os *rappers* observaram a realidade que os cercava e denunciaram a violência estrutural marginalizadora sofrida por grande parte dos cidadãos, fato que levou esses jovens a acreditar que

> *Hip hop* algo além de entretenimento
> Algo além de reunião de talentos
> É a mostra social de que
> Enquanto houver desigualdade
> Haverá guerreiros dispostos a
> Destruir a falsidade.[19]

Como se ressaltou em mais de uma composição, não haveria por que perder a esperança e a crença num mundo diferente: "está tudo errado/mas não está acabado"[20].

---

[15] "O *hip hop* realiza uma apropriação constante do capital cultural institucionalizado, ou seja, está em contínua negociação e tensão com ele"; Micael Herschmann, "Na trilha do Brasil contemporâneo", em *Abalando os anos 90*, cit., p. 78.

[16] Idem.

[17] MV Bill, comentando sobre jovens moradores de favelas que trabalham no tráfico e a consequência dessa atividade na vida deles, da família e da comunidade, DVD *Sempre um papo* (Brasília, s/d).

[18] Para uma reflexão segundo a qual os grupos marginalizados não são identificados como excluídos socialmente, mas vinculados a dinâmicas perversas de integração, ver, entre outros, Alba Zaluar, *Integração perversa: pobreza e tráfico de drogas* (Rio de Janeiro, Editora FGV, 2004).

[19] Bandeira Negra, "Apenas uma versão", EP *Transformação* (Cabo Frio, s/d, independente).

[20] Idem.

Enquanto perduravam umas tantas mazelas sociais[21], do *rap* emergiu a leitura social de um punhado de músicos que demonstravam seu inconformismo ante a nova ordem de coisas no mundo capitalista. Além disso, sinalizavam a necessidade de mudanças, particularmente na sociedade brasileira, em que as reestruturações do capital reforçaram "a discrepância entre o potencial produtivo do trabalho e a perversa concentração de renda no país"[22]:

> Tô ligada no processo monstruoso
> Que promove capitalismo selvagem
> [...]
> Violenta mais-valia, quem diria
> Exploração do homem pelo homem
> Matemática negativa que insiste, divide
> Ao ponto de matarmos uns aos outros
> [...]
> Como sempre quis o capital
> Permanece tudo igual
> Solucionar este problema é crucial
> Promover a inclusão social
> Acesso educacional, cultural.[23]

Não teria como ser diferente. Era preciso denunciar em alto e bom som; em tal momento da produção desses *raps* (para não falar de hoje em dia), vivia-se uma situação em que aqueles que ocupavam posição socialmente mais ou menos privilegiada conseguiam arcar com os custos do que deveria ser um direito, no que dizia respeito a saúde, educação, infraestrutura e acesso à cultura. As demais camadas sociais, incluídos os segmentos a que os *rappers* em geral pertencem, precisavam recorrer ao que ainda resta dos setores públicos, cuja precariedade na assistência é relatada em vários *raps*:

---

[21] Sobre o aumento da precariedade social no contexto em questão, ver Emir Sader, *Perspectivas* (Rio de Janeiro, Record, 2005). De acordo com o autor, "o balanço do neoliberalismo não corresponde às suas promessas: a economia – nos vários países e na economia mundial no seu conjunto – não retomou a expansão, a distribuição de renda no mundo piorou, o desemprego aumentou bastante, as economias nacionais ficaram sensivelmente mais fragilizadas, as crises financeiras se sucederam" (p. 20).

[22] Giovanni Alves, *O novo (e precário) mundo do trabalho* (São Paulo, Boitempo/Fapesp, 2000), p. 163.

[23] Saga Clã, "Socialismo ou barbárie", CD *Coletânea I Encontro Nacional Nação Hip Hop* (sem referências).

26 bilhões pra saúde é o orçamento do ministério
E no balcão da farmácia nem dipirona e analgésico
[...]
A chapa não foi esclarecedora, é preciso tomografia
Não tem tomógrafo, vão transferir pro Hospital das Clínicas
[...]
Só transferem quando chega a ambulância nessa merda
A maioria tá parada por falta de peça
Se opera no centro cirúrgico é infecção hospitalar
Corromperam a Vigilância Sanitária pra não interditar
[...]
Depois de 7 horas a ambulância estaciona
Gases estancam o sangue, entrou em coma
No HC a tomografia deu fratura cervical
Da 4ª e 7ª vértebra, quase sem sinal vital
Entrou na sala de cirurgia, puta pesadelo
Rezo o terço de joelho, nem sei o que mais prometo
— Ô, pessoal, quem é o pai da baleada aê?
— Sou eu, pelo amor de Deus, o que aconteceu?
Como *iceberg* respondeu:
— Ó, sua filha não resistiu, não. Morreu.[24]

Essas e outras situações atestam os problemas de uma sociedade na qual foram atingidos de modo extremamente negativo aqueles que viviam "a procura do mercado de trabalho ou do trabalho escravo"[25].

Não é à toa que a leitura que parte dos *rappers* propõem para o social mostra o desejo de outras possibilidades de vida, que sejam libertadoras ou menos opressivas. Afinal de contas, eles provaram e não gostaram do sabor amargo do capitalismo vigente:

Jorge Santista, Marquinhos, Sabotage, Preto J, Negro Du, Preto Góes, Ratão... tudo eles pode te furar e destruir [...] Zona Sul, o cotidiano é violento. Mas você nasceu aqui, você não tem como sair. A guerra está dentro de nós, assim como está na rua. [...] Já disseram que isso aqui é uma selva, mas a gente não nasceu para ser animal, não é porque estamos perto do lixo que fazemos parte dele [...] E muitos ainda tendem a chorar enquanto a gente não derruba o sistema que está aí. Isso mesmo. A gente cansou de ver eles na tevê, a gente cansou de escutar eles na rádio. A gente não quer ser igual,

---

[24] Facção Central, "Bala perdida", CD *O espetáculo do Circo dos Horrores* (São Paulo, Facção Central, 2006).
[25] GOG, "Dia a dia da periferia", CD *Dia a dia da periferia* (Brasília, Só Balanço, 1994).

a gente não quer reforma, a gente quer mudar, reconstruir. A gente não precisa do seu tênis de marca, a gente não precisa do seu *status*, dos seus programas, da sua forma de criar centros pra nos robotizar.[26]

A fala tem um chão histórico específico, delimitado por uma guerra pela sobrevivência em um cenário que pesa sobre as costas das pessoas mais simples, de mulheres e homens trabalhadores, dos que habitam os bairros pobres. O que permeia o discurso desses *rappers* guarda relação direta com as mudanças sociais e as suas consequências, que são vistas e sentidas de perto pela parcela da população que experimenta baixos salários, o déficit de moradias das cidades brasileiras, o caos na saúde e na educação, em meio às estratégias que visam à obtenção de maiores lucros para os capitalistas, algo que implica, com frequência, um ataque aos trabalhadores e seus direitos. Esses problemas, no entender de alguns *rappers*, não poderiam ser revertidos graças a meras reformas. Impõem-se derrubar "o sistema que está aí"[27]. Sistema que se alimenta sem cessar da exploração. Os exemplos oferecidos pelos seus relatos são inúmeros:

A multinacional
Que paga menos que um real
Pra criança que um dia
Trabalhou no canavial[28]

As músicas apontam, principalmente nas entrelinhas, que na sociedade brasileira há uma constante apologia do ordenamento atual, envolvendo uma tentativa de dominação ideológica com o objetivo de garantir a perpetuação dos interesses dos defensores do livre mercado: "não mediram esforços pra fazê-lo acreditar, irmão"[29]. Isso ocorre porque "o neoliberalismo é um modelo hegemônico – não apenas uma política econômica, mas uma concepção da política, um conjunto de valores mercantis e uma visão das relações sociais – dentro do capitalismo"[30]. Em contraposição, as reflexões inseridas nas músicas trazem as leituras que muitos *rappers* realizaram da vida e do mundo em que viveram, produzindo um discurso alternativo aos ideais

---

[26] 1 da Sul, "Final", CD *Us que são representa* (São Paulo, 1 da Sul, s/d).

[27] Idem.

[28] "Apenas uma versão", cit.

[29] Posse Mente Zulu, "Caindo na real", CD *Revolusom: a volta do tape perdido* (São Paulo, Unimar, 2005).

[30] Emir Sader, *Perspectivas*, cit., p. 22.

de valorização e defesa das "verdades da elite", como a instauração do mercado como deus supremo e regulador soberano da sociedade.

Por mais que se reaja a essas posições dos *rappers* ou por mais que essas vozes discordantes não tenham grande reverberação social, elas não são desprovidas de importância, pois a presença desses músicos no debate das questões sociais sugere que se preste atenção nos dilemas sociais. Sobre o caráter de protesto e o conteúdo crítico das músicas, é evidente que elas por si sós não mudam a situação existente; isso, contudo, não diminui sua importância como "termômetro" dos processos e das relações sociais, como veículo de informação e de divulgação de pontos de vista diferentes. Ao afirmarem em várias ocasiões que retratavam um mundo em que

A vida por aqui
Não é nada normal
O que eu vou contar agora
É tudo real[31]

colocavam em movimento visões de mundo que objetivavam ressaltar e desnaturalizar as desigualdades, a pobreza, a exclusão e demais perversidades vividas (pelos *rappers* e pelo seu público), animados pelo propósito de despertar sentimentos de insatisfação social nas pessoas que com eles se identificavam. Até porque a intenção era, deliberadamente, "levar [um]a mensagem de conscientização"[32] para os ouvintes. Daí que os *rappers* se colocavam como responsáveis "por todo o Brasil, por mandar mensagem, por mudar o pensamento"[33]:

Voltamos pra fazer
Sua mente compreender
Que o bagulho tá mil grau
O sistema quer você,
Todo fudido, ensanguentado, furado de bala
Ou no presídio, amargando pena máxima[34]

---

[31] Célio Brown e Nan Boy, "História sinistra", CD *Capital do abandono* (Imperatriz, s/d, independente).

[32] Cristiano Pombo, "Grupo de *rappers* se apresenta hoje no Sesc Santo Amaro, em programação que traz ainda Thaíde e DJ Hum", *Folha de S.Paulo*, 3 dez. 1998.

[33] Racionais MC's, "Apresentando Racionais MC's", CD *Ao vivo em Porto Alegre* (Porto Alegre, 1998, não oficial).

[34] Realidade Cruel, "O crime não é o creme", CD *Quem vê cara, não vê coração* (Hortolândia, 2004, independente).

Simplificações à parte, a leitura é enviesada e portadora da consciência de que, pelos mecanismos de funcionamento da sociedade atual, para as pessoas comuns restam, na melhor das hipóteses, lugares e ocupações modestas. Do outro lado, estão os beneficiários de toda a perversidade sobre a qual o capitalismo se sustenta, o que levou muitos *rappers* à conclusão de que

> Meu inimigo tá em Las Vegas jogando pôquer
> Ou assistindo Pavarotti na Itália de *smoking*
> Em Bariloche, fazendo alpinismo
> Surfando no Havaí
> Viajando de jatinho.[35]

A partir de ponderações como essas, os produtores da cultura *rap* induzem a reflexões que podem eventualmente até direcionar ações que se proponham transformar de forma radical a ordem dominante. No mínimo, cabe, via poética do *rap*, contestar a organização social do mundo em que vivemos:

> uma coisa é a cultura e a educação, e outra coisa é o entretenimento, entendeu? O entretenimento é bem mais forte, é bem mais pesado do que a educação, mas a educação é mais longeva, ela chega mais longe, ela atinge mais gente. Então, o que eu trabalho é com educação e cultura; eu não trabalho com entretenimento, entendeu? Eu não consigo subir no palco pra fazer algazarra e tudo mundo levantar a mão e vamo que vamo pular, e vamo que vamo fazer. Dane-se. Eu tenho que chegar e fazer um protesto.[36]

Apesar de certo determinismo/fatalismo atravessar frequentemente os *raps*, frise-se que, entendidos como material privado de hegemonia, eles não deixam de pôr em circulação valores, posições, modos de interpretação do mundo e estilos de vida que se chocam com os padrões hegemônicos. Diferentemente daqueles que cultivam uma visão positiva acerca do avanço das práticas e políticas neoliberais e da globalização capitalista, muitos *rappers* se fixam no "lado B" dessa dinâmica. É como se entrassem pela porta dos fundos e mostrassem o que existe além das aparências:

> Pega seu dinheiro e enfia no cu
> É caráter lapidado no sangue da Zona Sul
> Implantaram a liberdade de expressão assistida

---

[35] Idem.
[36] Entrevista com Ferréz, *Fortalecendo a corrente*, 13 fev. 2009.

Pra rima agressiva do *rapper* homicida
Desprendido de mídia, público do *shopping*
[...]
Denunciei sem medo a guerra civil brasileira
Obrigado, favela, pelo FC na camiseta
Oficial de justiça não apreendeu meu cérebro
[...]
O preto favelado aterrorizou
Chocou, apavorou, escandalizou
O verso sanguinário conseguiu abalar
Vem pagar um pau, mídia, vem me entrevistar
Vou enfiar no teu rabo meu estereótipo de ladrão
Um careca de jaqueta aqui é *rapper* facção
Não vai dar notícia com o sangue da vaca rica
Filma o maloqueiro pedindo paz na periferia
[...]
Aqui é só outro mano sem boné, sem estudo
Sem currículo, curso, talvez sem futuro
Entendeu, dono do iate, o apoio da favela?
Faço parte dela, sou fruto da cela
Não deram faculdade pra eu me formar doutor
Então a rua me transformou no demônio rimador
[...]
A traca verbal é um, dois, pra acionar
É só o menino faminto chorar pro Dum Dum descarregar
Programado pra rimar, buscar a igualdade
Pra ser a ameaça pra sociedade
Oficial de justiça não apreendeu meu cérebro
Dentro e fora da cadeia, locutor do inferno.[37]

As críticas à manutenção e aos efeitos do desenvolvimento do capitalismo são recorrentes, e é comum que as relações capitalistas sejam classificadas como causadoras dos malefícios sociais, pois, ainda que as pessoas devotem todos os seus esforços na luta pela sobrevivência, concluem que

Trabalhamos noite e dia
De sol a sol no grosso modo de dizer

---

[37] Facção Central, "Sei que os porcos querem meu caixão", CD *A marcha fúnebre prossegue* (São Paulo, Discoll Box, 2001).

> Pra ter um salário
> Que não dá pra viver
> [...]
> Vida dura do assalariado.[38]

Os músicos, de maneira geral, explicam que o mundo tal como o existente é causador de misérias e que, embora surja aos olhos deles como apto a realizar os sonhos de uma vida melhor, seu poder de sedução não faz frente ao que é de fato vivido. Portanto, a postura que adotam, sob vários aspectos, é de relativo distanciamento ante seus hábitos, seus símbolos:

> Dá licença aqui
> Dá a palavra, dá licença
> A mina que não tem meias palavras
> Dá licença
> Eu não sou daquelas que
> Cê vê de silicone
> De bunda empinada dentro
> Das *Land Rover*
> De cheque especial
> De brinco e gargantilha
> Com joias de cristal e
> Contas na Suíça
> Não sou...[39]

Para eles, indiscutivelmente, o ordenamento social "não está do lado da maioria"[40]. Em muitas passagens verifica-se que superestimam a potência política do ideário dominante[41], embora não deixem de acenar a possibilidade de uma hipotética ação dos oprimidos:

---

[38] Radicais de Peso, "Promessas", LP *Ameaça ao sistema* (São Paulo, Kaskata's, 1992).

[39] Realidade Cruel, "A favela chora", CD *Dos barracos de madeirite... aos palácios de platina* (Hortolândia, 2008, independente).

[40] Z'África Brasil, "Antigamente quilombo, hoje periferia", CD *Antigamente quilombo, hoje periferia* (São Paulo, RSF, 2002).

[41] Ao lado de uma contundente crítica ao capitalismo, percebe-se nas letras determinados simplismos característicos de manifestações panfletárias. Por vezes, o capitalismo parece imperar como todo-poderoso e indestrutível. Nesses casos, atribui-se ao sistema capitalista o papel de controlar por inteiro corações e mentes, como se a simples existência desses protestos não provasse o contrário.

É por não concordar
Que sou perigoso[42]

Como se constata, boa parte das músicas que informam esta parte do livro constituem, portanto, discursos críticos aos valores da sociedade de mercado e às normas imperantes no mundo do trabalho. Elas são, enfim, portadoras da opinião de que, sob os auspícios da globalização e do neoliberalismo, a situação social tem se agravado sob prismas diversos:

Trabalhadores explorados
Valores extinguidos
Movimentos criminalizados
[...]
O imperialismo cada vez mais
Mostrando sua cara suja
Na Venezuela, em Cuba
No Brasil, em Fallujah
[...]
Proletários na milícia
Contra os cães, a polícia.[43]

Esse discurso alternativo vai de encontro à apologia da ordem, cujos ideólogos concebem a "opção neoliberal como a evolução natural e madura do desenvolvimentismo" e como um "avanço dentro do processo democrático"[44]. Como venho destacando, ganha força em muitas composições a crítica ao fato de que a sociedade é mantida sob a ordem do capital e entendida como o lugar das relações pautadas na dominação, na alienação e na opressão, mesmo que essas dimensões não se revelem sempre de maneira explícita:

— Tu gosta de trabalhar no bicho?

— Gostar eu não gosto, não. Escravização, né?

— Mas tu tá recebendo...

— E daí? Das 8 da manhã até as 9 da noite, tu bancava?

---

[42] Radicais de Peso, "Ameaça ao sistema", cit.
[43] Davi, "Liberdade pra lutar" (Florianópolis, s/d, independente).
[44] Sílvio Romero Martins Machado, *Ideologia e discurso diplomático*, cit., p. 135.

— Muita gente trabalha assim...

— Pô, mas sentado no mesmo lugar? Tomando tapa de polícia? [...] já passei várias vergonhas ali, de ir preso na frente da minha mulher, de os cara querer bater nela, eu ter que tomar a frente e ganhar porrada.[45]

É relevante o contato com essas produções culturais desarmônicas frente à ordem instituída, ainda mais que estamos diante de uma forma de dissenso e de protesto, com ataques difusos aos efeitos e ao mal-estar gerados pelo capitalismo[46]. Nas canções que sinalizam essa inclinação ao protesto social e político, como as examinadas aqui, as preocupações se voltam para as consequências perversas da organização social baseada no modelo capitalista neoliberal, independentemente de elas assumirem ou não, conceitualmente, uma clara formulação a respeito dessa nova fase da acumulação/dominação capitalista. De um modo ou de outro, as músicas postas em destaque são expressões culturais de inegável engajamento político-social. Assim, o *rap* não é, nem de longe, uma reprodução das leituras hegemônicas sobre o social.

***

Tal como foi enfatizado anteriormente, o comportamento político dos *rappers* e seu discurso de oposição e/ou de crítica são percebidos nas relações de poder construídas no cotidiano. Quando, por exemplo, o governo do ex-presidente Luiz Inácio Lula da Silva lançou o Plano de Aceleração do Crescimento (PAC), sob a alegação de que o crescimento econômico – de mãos dadas com o desenvolvimento do capitalismo – traria ganhos sociais, as manifestações contrárias não tardaram a aparecer, como em uma composição do *rapper* Davi que exala negativismo contra quase tudo e contra quase todos:

Nenhum investimento a mais, nem melhoria social
Toda propaganda de mudança é superficial, porque o PAC
É só mais um ataque aos trabalhadores

---

[45] Depoimento de Macarrão em *Fala tu*, cit.
[46] Para uma leitura adicional sobre o *rap* como prática de resistência, ver Adjair Alves, *Cartografias culturais na periferia de Caruaru: hip hop construindo campos de luta pela cidadania* (Recife, UFPE, 2005), dissertação de mestrado em antropologia, em especial o item 2 do capítulo "*Hip hop*: resistência cultural na favela". Ver ainda, do mesmo autor, "Cultura juvenil e mudança social: um diálogo com o movimento *hip hop* na periferia de Caruaru", *Caos*, João Pessoa, n. 5, mar. 2004, disponível em: <cchla.ufpb.br/caos>.

Pra acirrar o choque, o pacto dos exploradores
Contra nós, o povo, nos arrochando a dignidade de novo
Querem o pacto nacional e vão pra televisão falar grosso
O banqueiro entra com a corda e o trabalhador com o pescoço
Vem UNE, vem CUT, vem Força Sindical mentindo
Atreladas ao capital, enganando, iludindo[47]

Não aceitando a propaganda estatal, o *rapper* insere sua obra no debate público e demonstra clara visão sobre os vínculos que prendem o governo Lula aos interesses do capital. Além disso, na sua construção, a música aponta, de passagem, para os efeitos danosos de umas tantas propostas de "flexibilização" das relações de trabalho sobre as quais muito se muito se falava então:

A grana pro Estado e pras empresas já era prevista
Só o nosso saldo que ficou negativo na lista
5 bilhões roubados dos bolsos dos oprimidos
Pras garras dos patrões foram conduzidos
Trabalhador, desempregado, camponês: vamos ficar espertos
Com esse Lula e seu conselheiro Delfim Netto
Não tem como aceitar essa guerra ao povo brasileiro
Querem gradativamente nos deixar sem décimo terceiro
Acabar com as licenças, achatar nossos salários
que já é um dos menores do mundo
Estão nos tirando pra otário
Saqueando através do superávit primário
Que nada mais é do que investimento no bolso dos empresários
À custa da saúde e da educação esquecidas
À custa da fome das crianças subnutridas
Vamos lutar, revidar mais este ataque
Dizer não às contrarreformas e não ao PAC
PAC? Que PAC é esse?
Eu não quero pacto, sou trabalhador lutador e não sou pato.[48]

O "*Rap* do PAC" consiste, em última análise, em mais um exemplo de como as experiências vivenciadas no dia a dia são apropriadas em termos culturais, como são pensadas e significadas. Tudo reforça a compreensão de que a música pode contribuir para estudos e pesquisas sobre a história de nossa sociedade, ajudando

---

[47] Davi, "*Rap* do PAC" (Florianópolis, s/d, independente).
[48] Idem.

a "desvendar processos pouco conhecidos e raramente levantados pela historiografia [...] como uma fonte documental importante para mapear e desvendar zonas obscuras da história, sobretudo aquelas relacionadas com os setores subalternos e populares"[49]. Vista sob esse ângulo, a música é "resultado" de relações sociais desiguais, tensas e conflitivas, e de relações de poder que em sua trama conduzem todos para o campo da política.

No caso específico de muitos *rappers*, eles interpelam uma realidade que os agride no seu cotidiano, uma sociedade marcada pelo encolhimento do Estado, pelo progressivo desemprego estrutural, pelo agravamento de problemas sociais seculares que políticas compensatórias visam atenuar, mesmo que precariamente.

O que se vê nesse contexto é o caráter regressivo – principalmente em termos sociais – do neoliberalismo e a característica dual da cidadania em moldes neoliberais[50]. Os governos brasileiros dos anos 1990 em diante – excetuando-se, num ou noutro ponto, o governo Lula – avançaram na abertura comercial do país e na privatização do setor público. Racionalizaram, à moda neoliberal, os gastos públicos para preservar os compromissos com o capital (pagamento da dívida externa e interna) e lançaram ameaças às (já insuficientes) conquistas sociais, na tentativa de forçar a desregulamentação dos direitos trabalhistas e de sacramentar, de uma vez por todas, a desindexação dos salários. As reestruturações produtivas do capitalismo aumentaram as tensões presentes na malha fina das relações de poder e aprofundaram os problemas sociais: "sou filho de empregada doméstica e enfrentei uma vida pesada, como todo garoto da minha região"[51].

As privatizações operadas sob as prescrições neoliberais desmantelaram muito daquilo que um dia foi conhecido – senão na prática, ao menos no discurso – como direito, passando a valer efetivamente as leis do mercado. No caso dos cortes no gasto público, redimensionou-se o que ainda sobra em termos de precariedade e de insuficiência. No que diz respeito aos direitos trabalhistas constantemente golpeados, o resultado foi uma atmosfera de incertezas. Com a desindexação dos salários, os assalariados sofreram cada vez mais dificuldades para se proverem

---

[49] José Geraldo Vinci de Moraes, "História e música: canção popular e conhecimento histórico", *Revista Brasileira de História*, São Paulo, v. 20, n. 39, 2000, p. 203.

[50] Ver Armando Boito Júnior, "A hegemonia neoliberal no governo Lula", *Crítica Marxista*, n. 17, Rio de Janeiro, Revan, 2003.

[51] Kall, integrante do grupo Conclusão, de São Paulo, citado em Silvia Ruiz, "Posse leva *hip hop* a jovens de Heliópolis", *Folha de S.Paulo*, 6 dez. 1999.

materialmente. E essas várias facetas do sistema econômico neoliberal permeiam a poética dos *rappers*:

> Pouca escola, pouco emprego
> Nenhum lazer e muita droga pra vender
> Mas que porra é essa?
> Tem fome, tem pressa
> Um prato de comida, pra alguns,
> É uma festa[52]

É óbvio que esses *raps* trazem apenas uma das leituras dessa época, potencializada naquilo que comporta de negativo para amplos segmentos sociais. Nesse período, configurou-se uma sociedade em que, de um lado, estavam os que conseguiram se adequar aos imperativos do mercado e, de outro, os que deveriam recorrer ao que ainda era oferecido publicamente, mas em visível processo de precarização. Essa situação gerou, sem dúvida, uma aguda sensação de "marginalização":

> Fizeram as Cohab
> Pra me tirar do centro
> Não combino com os prédios
> Com os monumentos[53]

Por essas e outras, as músicas do grupo Clã Nordestino, de São Luís do Maranhão, formulam críticas contundentes ao modelo "excludente" do neoliberalismo, revestindo-se de palavras que dignificam os supostos excluídos sociais, além de veicular mensagens de apoio aos movimentos contemporâneos de luta pela terra, contra a globalização e o neoliberalismo, contra o racismo e preconceitos variados.

Os integrantes do Clã Nordestino usam suas rimas para falar sobre o cotidiano das pessoas pobres e para questionar a legitimidade de uma vida social baseada na desigualdade, na valorização do mercado e do poder hierarquizado. Sua indignação explode em mil direções:

> Aqui não é brincadeira
> Saúde não convém
> Rebelião na Febem

---

[52] Tr3f, "Política", CD *De sofrimento basta meu passado* (São Paulo, s/d, independente).
[53] Facção Central, "Há mil anos-luz da paz", CD *Direto do campo de extermínio* (São Paulo, Face da Morte Produções, 2003.

> [...]
> Desemprego aperta
> Que porra de salário
> Governo salafrário
> A burguesia já matou milhões de nossos irmãos, caralho
> Pode acreditar que ela é o cão para o nosso povo
> Desgraçadamente nos obrigando a jogar o jogo brutal
> O predador e a presa postos nos mesmo quintal.[54]

Por um lado, há, obviamente, posicionamentos de apoio às políticas neoliberais, identificados no discurso de setores do governo, das classes dominantes, das elites em geral e também de parcelas das camadas populares que enxergam no desenvolvimento do capitalismo a saída para os problemas que atingem o país. De acordo com Sílvio Romero Martins Machado,

> destacam-se nesse discurso a legitimação do processo de abertura econômica em prol do desenvolvimento. [...] apresenta a opção neoliberal como a evolução natural e madura do desenvolvimentismo. Busca lastro também para esta evolução legítima, caracterizando-a como avanço dentro do processo democrático.[55]

Por outro lado, constata-se que o avanço rumo ao ideário e às práticas neoliberais de pouco ou nada serviu para abrandar os males da sociedade brasileira, pois aprofundou as contradições existentes. De toda forma, o neoliberalismo acabou por estimular contradiscursos, como atestam outros quatro *raps* do Clã Nordestino, que cito parcialmente. "Leva":

> Sou Preto Ghóes, Ladrão, na prosa e no verso
> Na alquimia do verso eu faço
> A rima que te ilumina e guia teus passos
> Na luz e nas trevas, ambas são nossas servas
> Do alto da serra Zumbi nos observa
> Rapaziada rochedo, quem insiste não dá trégua
> Quem resiste não se entrega
> Sobreviver na selva de pedra
> Capitalismo, ascensão e queda
> Não é boato
> Não é versão, é fato

---

[54] Clã Nordestino, "ClãNordestinamente-afro", *A peste negra* (São Paulo, Face da Morte, 2003).
[55] Sílvio Romero Martins Machado, *Ideologia e discurso diplomático*, cit., p. 135.

Tio Sam beijou a lona no primeiro assalto, nocaute!
Eu vi cair, golpe certeiro nos vermes do FMI[56]

"Ases de periferia":

Eu te pergunto o que seriam dos burgueses daqui
Se vocês estivessem politicamente ativados
A burguesia passaria maus bocados
Então por que atiramos no alvo errado?
Na nossa área somos da mesma classe
Estamos no mesmo barco remando contra a maré
O inimigo qual é?
Qual é, qual é?
A burguesia, sistema capitalista selvagem[57]

"Todo ódio à burguesia":

A miséria é uma ferida que nunca cicatriza
Avisa as tias que reciclam a vida
Em um quilo de latinha
Na quebrada a burguesia financia a chacina
Na esquina a pretinha roda a bolsa
E completa a renda mínima[58]

"Eu sou mais eu, sistema":

Topa tudo por dinheiro, mano
Entrou pelo cano a dignidade de um país inteiro
Planalto Central, um puteiro, um chiqueiro
Reduto de fuleiro (de boas intenções o inferno está cheio)
[...]
Filho da puta, pro seu Deus eu não me ponho de joelhos
Pelo contrário assim quero vê-lo
[...]
Contra a Alca a minha rima incendeia
O vermelho, o azul, as estrelas da bandeira

---

[56] Clã Nordestino, "Leva", cit.
[57] Idem, "Ases de periferia", cit.
[58] Idem, "Todo ódio à burguesia", cit.

Capitólio, Pentágono, dama da liberdade
Racismo, machismo, *American way of life*[59]

Como é possível verificar, essas músicas revelam as experiências de uma integração social perversa (e como ela é percebida), constituindo-se em expressões sociopolíticas da vida nas cidades brasileiras. Nas décadas de hegemonia neoliberal (anos 1990 e 2000) e de seus efeitos trágicos, observa-se – convém atentar para isso uma vez mais – que muitos daqueles que são normalmente considerados excluídos estão integrados à lógica da produção capitalista. Disso decorre que essa exclusão é um processo que conforma um tipo específico de inclusão nesse estado de coisas, conforme assinala Castells:

> o processo de exclusão social e a insuficiência de políticas de integração social levam a um quarto processo fundamental que caracteriza certas formas específicas de relações de produção no capitalismo informacional: chamo-o de integração perversa. Refere-se às formas de trabalho praticadas na economia do crime. [...] Segmentos de uma população socialmente excluída, junto com indivíduos que optam por meios bem mais lucrativos – e arriscados – de ganhar a vida, constituem um submundo cada vez mais populoso que vem se tornando um elemento essencial da dinâmica social da maior parte do planeta.[60]

Em outras palavras, a "exclusão social" propicia, no limite de sua experiência social concreta, o surgimento de tipos de integração que contrariam a lógica das operações ideológicas dos defensores do capitalismo e evidenciam suas mazelas, como, por exemplo, a incapacidade de estender a todos os benefícios que são proporcionados a determinados setores sociais.

Nessa perspectiva, os criadores das canções aqui analisadas verbalizam situações de "exclusão". Eles produzem um discurso musical que funciona como um protesto saído diretamente do olho do furacão e que é propagado por aqueles que conhecem de perto os processos de integração perversa, ainda que não estejam necessariamente vinculados ao tráfico de drogas ou a atividades consideradas ilegais.

---

[59] Idem, "Eu sou mais eu, sistema", cit.

[60] Manuel Castells, *Fim de milênio*, v. 3: *A era da informação: economia, sociedade e cultura* (São Paulo, Paz e Terra, 1999), p. 99 e 100. Neste livro, como se pode perceber, retomo a noção de integração perversa, situando-a, deliberadamente, dentro e fora do âmbito da "economia do crime" em que ela foi originalmente pensada. Trata-se, pois, de uma apropriação e ressignificação da contribuição de Castells.

As dimensões dessa inclusão perversa aparecem em inúmeras composições, entre elas "Coquetéis molotovs", dos *rappers* do Força Subversiva, para os quais a pobreza e as desigualdades sociais representam uma perversidade que não se coaduna com as concepções do grupo sobre uma sociedade justa:

> A cada dia que passa a pobreza assola
> Nossa situação nunca muda e a deles melhora
> É triste ver que a minoria fica com a renda de uma nação
> E a maioria fica somente a ver água e pão
> E lá vem os políticos com suas eleições
> [...]
> Miséria em todos os cantos, essa é a realidade[61]

Nessa música, além de falar de uma inserção pautada na pobreza e na desigualdade, os *rappers* alertam os ouvintes para as armadilhas do sistema capitalista, que se vale de aparatos repressivos, simbólicos, ideológicos e políticos para dominar a população. E cantam:

> Todos os meios de comunicação
> Utilizados para manter o capitalismo
> a força maior de um Estado
> Eles promovem a estagnação
> Lavagem cerebral é a televisão
> Futebol, novela, que merda!
> Que situação que é essa?
> O sistema é foda, o entretenimento é direcionado.[62]

Constata-se que, a despeito dos esforços no sentido de contemporizar com as desigualdades e os problemas sociais que se agudizaram sob a vigência do neoliberalismo, os defensores dessa política não lograram silenciar o protesto social manifestado em muitas composições populares. Isso mostra que as operações ideológicas para a legitimação do neoliberalismo não têm sido inteiramente eficazes para eliminar contradiscursos que se insurgem ante aos valores hegemônicos. Os músicos do Posse Mente Zulu, por exemplo, lançam mão de seus microfones para afirmar a plenos pulmões, que estão "remando contra a maré"[63].

---

[61] Força Subversiva, "Coquetéis molotovs", CD *Ativistas* (São Luis, s/d).
[62] Idem.
[63] Posse Mente Zulu, "Violência *news*", cit.

***

Genival Oliveira Gonçalves, numa apresentação em 2008, dirigiu-se ao público dizendo: "Muita gente, né?, é... pensa que Brasília é só um avião; mas Brasília é muito mais que isso... Vamos roletar?"[64] Ao convidar o ouvinte para um passeio por Brasília através de sua música, a intenção era levá-lo para além dos aspectos consagrados que olhares hegemônicos/dominantes ressaltavam, como a arquitetura planejada do núcleo básico da cidade cuja distribuição espacial lembra o formato de um avião. O *rap* em questão era "Brasília periferia" – mais especificamente, as partes 1, 2 e 3 de "Brasília periferia":

> Cotidiano
> Setor Maravilha, Kennedy, São Caetano
> Não faz um ano que várias quebradas nasceram
> E teimosas cresceram
> Desafiando os Roriz, os Brás
> Famílias tradicionais...
> Pra mim, Josés e Marias valem muito mais[65]

Esse trecho sintetiza o que esta e outras músicas do gênero apresentam, isto é, o falar do cotidiano (em detrimento de grandes eventos/acontecimentos), do social, a vida em um tempo e espaço encarada não a partir de uma ótica "de cima", mas das pessoas comuns (a partir "de baixo"). Não foi por acaso que os pontos turísticos, o Plano Piloto etc. cederam lugar, na canção, para Riacho Fundo, Sobradinho e outras coisas mais:

> Com gente humilde
> Onde o cardápio não varia
> Do feijão com arroz.[66]

O *rap* como um todo provém de pessoas comuns[67]. Seus praticantes sabem disso melhor que ninguém. Em um show realizado pelos Racionais MC's em Uberlândia,

---

[64] Introdução a GOG, "Brasília periferia", partes 1, 2 e 3, DVD *Cartão postal bomba* (Brasília, Só Balanço, 2009).

[65] GOG, "Brasília periferia", parte 2, *Das trevas à luz* (Brasília, Zâmbia Fonográfica, 1998).

[66] Idem.

[67] Não há nada de estranho, porque "durante o dia eles são subempregados, camelôs, *office-boys*, feirantes, traficantes, seguranças, vendedores, mas quando chegam ao *point* são artistas de rua". Ver "*B. boys* cariocas sonham viver do *break*", *Valor Econômico*, 12 jul. 2000.

um dos vocalistas propôs: "Ei, Brown, vamos criar um rapaz comum igual a vários que tem aqui no salão? Rapaz comum, rapaz comum, rapaz comum..."[68], diz Edi Rock a Mano Brown. O *rap* representa, como tentei demonstrar, a construção de leituras de mundo ancoradas na ótica de sujeitos que não estavam em ocupações de destaque, não gozavam de prestígio social, nem eram homens ou mulheres conhecidos ou com distinção socioeconômica. Mas eles eram – e são –, entretanto, parte constituinte da sociedade, atuando em diversas esferas como pessoas ativas. Como disseram alguns *rappers*, de olho no mundo em que vivem,

Fazemos parte dele
E devemos enfrentá-los
E desafiá-los.[69]

Era necessário ouvi-los, fazê-los falar, para trazer à tona uma interpretação das últimas décadas, nas quais os encantos propagandeados pelos setores dominantes não terminassem por oferecer a única visão de mundo possível. Pensar o produto cultural dos *rappers* e sua relação com a sociedade possibilitou lançar um tímido olhar sobre as relações entre diferentes sujeitos sociais e suas perspectivas para a sociedade, uma vez que distintos grupos e classes sociais buscam articular e criar estratégias para suprir demandas/interesses próprios.

"A história das classes, dos grupos sociais e dos indivíduos só adquire sentido se compreendermos o seu caráter relacional"[70], e é aí que os *raps* analisados contribuem enormemente para escancarar os conflitos e problemas de uma sociedade que sinaliza a harmonia social pela via da regulação social capitalista. Por mais que os homens comuns levem sua vida cotidiana à margem do engajamento direto em busca pela transformação efetiva das condições sociais, não se pode confundir as coisas, pois, conforme alertou Thompson, "o mesmo homem que faz uma reverência ao fidalgo de dia – e que entra na história como exemplo de deferência – pode à noite matar as suas ovelhas, roubar os seus faisões ou envenenar os seus cães"[71]. Considero que isso valha, em certa medida, para o que aqui discuto, porque,

---

[68] Fala que antecede a faixa Racionais MC's, "Rapaz comum", CD *Ao vivo em Uberlândia* (Uberlândia, s/d, não oficial).

[69] Os Metralhas, "Finalização", LP *Quatro anos depois* (São Paulo, 1994, independente).

[70] Adalberto Paranhos, "Chega de saudade ou... saudades do ladrão", *Cronos*, Natal, v. 2, n. 1, jun.-dez. de 2001, p. 163.

[71] E. P. Thompson, *Costumes em comum: estudos sobre a cultura popular tradicional* (São Paulo, Companhia das Letras, 1998), p. 64.

embora os jovens sejam apontados como entusiastas da sociedade de consumo, em determinadas situações – como no caso de alguns *rappers* – eles denunciam o abismo social e as perversidades do mundo por intermédio do *rap*.

Desse modo, o sujeito aparentemente subordinado ao sistema no seu dia a dia (do qual por vezes não tem como escapar) mostra todo o seu descontentamento, por exemplo, ao compor uma música. A prática cultural, nesse sentido, constituiu uma maneira pela qual se inscrevem sentidos no social, enfatizando a recusa da aceitação de leituras hegemônicas (em que os conflitos e as desigualdades tendem a ser naturalizados) e redefinindo o campo de lutas sociais. E os conflitos em torno de ideias, valores e leituras podem ser percebidos, como num sem-número de exemplos, na fala do *rapper* Linha Dura:

> aqui é minha comunidade, Alvorada, essa rua aqui é a Maracaju, a rua de casa. Agora até que tá legal; antes o esgoto tava a céu aberto, mó embaçado, ó. Até que chegou o ano da política. Aí um político pra conseguir voto arrumou a rua. Lá em cima? Lá em cima fica a favelinha, rapaziada de correria. Agora, esgoto a céu aberto mesmo, guri, é lá na Sapolândia: ali é foda a moradia, ó. Alvorada é assim, mano, tristeza, alegria, um vaivém cabuloso. Daqui eu vejo o desgosto da vida no rosto das pessoas, os noia viajando no meio da rua, a polícia enquadrando, altos manos esfaqueados, baleados pelos próprios manos de pobreza, ó, é foda. Eu cheguei numa conclusão: que a vida não é só uma batalha, é uma imensa guerra, tá ligado? E pra conseguir sobreviver num lugar tipo esse aqui é só com muita luta e resistência mesmo [...]. Eu entrei nessa guerrilha, no tempo onze anos eu tinha, em vez de eu trabalhar era pra mim estar na escola que nem os filhos da minoria. [...] isso me revolta, me revolta saber que o grande fazendeiro, dono das terras, nos escravizam com as correntes das moedas. Me revolta saber que na periferia tem uma pá de talento esquecido [...] me dá um motivo, só um motivo, só um pra ligar a TV e ficar sorrindo. A noite cai, eu escuto tiro; esse é o nosso hino. Eu me indigno. O sangue que corre no seu, corre no meu menino. A elite branca injetou o álcool, a droga, a arma [...] vai fazer o jogo deles, irmão?[72]

Falar disso tudo que compõe o emaranhado de difusas práticas cotidianas pode parecer uma obviedade, como se essas coisas, à primeira vista corriqueiras, dispensassem reflexão. Não faltam afirmações de que a maior parte das pessoas é passiva e se encontra submetida completamente ao regime disciplinar dos dominantes. É preciso, entretanto, ver o ativo onde se crê estar o passivo e buscar o ponto em que a lógica dos dominantes é subvertida e/ou contestada – ou, ao menos, desconsiderada –, investigar a forma pela qual os dominados se movem e

---

[72] Linha Dura, "O caminho da resistência", CD *Tchapa e cruz* (Cuiabá, s/d).

buscam atender os próprios interesses dentro de um campo que consideram sob seu total controle.

É o que demonstram as canções produzidas por parcela significativa dos *rappers* brasileiros, que evidencia a existência de vozes não afinadas com as perspectivas hegemônicas. Atentar para esse discurso por eles propagado é romper com ideias preconizadas a partir de cima[73], dentre elas a de que a adoção de princípios típicos do ideário neoliberal seria uma boa saída para os problemas nacionais. Ao contrário, como é salientado em muitas composições, "os problemas sociais aqui minam como pragas"[74]:

Eu vou dizer
Porque o mundo é assim
Poderia ser melhor
Mas ele é tão ruim
Tempos difíceis
Está difícil viver
Procuramos um motivo, vivo
Mas ninguém sabe dizer
Milhões de pessoas, boas, morrem de fome
E o culpado, condenado,
É o próprio homem
[...]
Tanto dinheiro desperdiçado
E não pensam no sofrimento
De um menor abandonado
O mundo está cheio
Cheio de miséria
[...]
E cada vez mais
O mundo afunda num abismo
[...]
Tempos...
Tempos difíceis

---

[73] Até porque, "na ignorância da periferia/eu sou mais um/igual a você rapaz comum". Ouvir Racionais MC's, CD *Sobrevivendo no inferno* (São Paulo, Cosa Nostra, 1997).
[74] GOG, "Matemática na prática", CD *Das trevas à luz* (Brasília, Zâmbia, 1998).

Tempos...
Tempos difíceis.[75]

As canções destacadas neste livro instauram um paradoxo na realidade social brasileira dos últimos vinte anos. A julgar por elas, as transformações sociais que supostamente pretendiam solucionar os impasses sociais do país foram benéficas para uma parte minoritária da população, ou seja, somente para aqueles

> Tantos outros que nada trabalham
> Só atrapalham
> E ainda falam
> Que as coisas melhoraram[76]
> não se estendendo às
> Pessoas [que] trabalham o mês inteiro
> Se cansam, se esgotam
> Por pouco dinheiro.[77]

Essas composições indicam que os sujeitos que por meio delas se expressam não conviveram pacificamente com o estado de coisas reinante na sociedade brasileira contemporânea. Sua compreensão implica o diálogo com distintas formas de cultura e universos simbólicos, que por sua vez estão imbricados em uma experiência histórica compartilhada, o que conduz à necessidade de interrogar os dispositivos de poder a partir de outros referenciais além dos habituais. Adentrar na órbita da produção cultural popular e ver como os sujeitos com ela envolvidos transformam e tencionam o social com sua presença é caminhar no sentido de entender a sociedade por um prisma diferenciado. Se, como afirmou Boaventura de Sousa Santos, "a sociedade brasileira abraçou, por iniciativa das elites conservadoras, as formas mais agressivas de desenvolvimento neoliberal"[78], fica claro, ao mergulharmos no mundo dos *raps*, que os *rappers* não têm habitado silenciosamente o universo dessas mudanças sociais. Numa época em que se fala em "pensamento único", percebemos que ainda há outras histórias para se contar e, como vimos, no *rap* deparamos com a trilha que leva a algumas delas.

---

[75] Racionais MC's, "Tempos difíceis", LP *Holocausto urbano* (São Paulo, Zimbabwe, 1990).
[76] Idem.
[77] Idem.
[78] Boaventura de Sousa Santos, *A globalização e as ciências sociais*, cit., p. 13.

FONTES

Bibliográficas

ALVES, Adjair. Cultura juvenil e mudança social: um diálogo com o movimento *hip hop* na periferia de Caruaru. *Caos: Revista Eletrônica de Ciências Sociais*, João Pessoa, n. 5, mar. 2004. Disponível em: <cchla.ufpb.br/caos>.

_____. *Cartografias culturais na periferia de Caruaru*: hip hop construindo campos de luta pela cidadania. Recife, Universidade Federal de Pernambuco, 2005. Dissertação de mestrado em antropologia.

ANASTÁCIO, Edmilson Souza. *Periferia é sempre periferia?* Um estudo sobre a construção de identidades periféricas positivadas a partir do *rap* em Uberlândia-MG (1999-2004). Uberlândia, Universidade Federal de Uberlândia, 2005. Dissertação de mestrado em história.

AZEVEDO, Amilton Magno. *No ritmo do rap*: música, cotidiano e sociabilidade negra em São Paulo (1980-1997). São Paulo, Pontifícia Universidade Católica de São Paulo, 2000. Dissertação de mestrado em história.

BAGUER, Grizel H. Avatares del *rap* en la música popular cubana. *Actas del VII Congreso Latinoamericano IASPM-AL*, La Habana, 2006. Disponível em <uc.cl/historia/iaspm/lahabana/articulosPDF/GrizelHernandez.pdf>.

BARDINI, Elvis Dieni. *Consumo musical brasileiro e o rap como agente da indústria e alternativa de produção independente*. Tubarão, Universidade do Sul de Santa Catarina, 2006. Dissertação de mestrado em ciências da linguagem.

BERMAN, Marshall. Nova Iorque chamando. *ArtCultura*, v. 11, n. 18, Uberlândia, Edufu/CNPq/Capes/Fapemig, jan.-jun. 2009, p. 130-1. Disponível em: <artcultura.inhis.ufu.br>.

BARRETO, Silvia G. Paes. *Hip hop na região metropolitana do Recife*: identificação, expressão cultural e visibilidade. Recife, Universidade Federal de Pernambuco, 2004. Dissertação de mestrado em sociologia.

BILL, MV e ATHAYDE, Celso. *Falcão*: meninos do tráfico. Rio de Janeiro, Objetiva, 2010.

CARVALHO, João Batista Soares de. *A constituição de identidades, representações e violência de gênero nas letras de rap*: São Paulo na década de 1990. São Paulo, PUC-SP, 2006. Dissertação de mestrado em história.

FELIX, João Batista de Jesus. *Chic Show e Zimbabwe e a construção da identidade nos bailes black*. São Paulo, Universidade de São Paulo, 2000. Dissertação de mestrado em antropologia social.

_____. *Hip hop*: cultura e política no contexto paulistano. São Paulo, Universidade de São Paulo, 2005. Tese de doutoramento em antropologia social.

FERREIRA, Maria Ximenes. *Hip hop e educação*: mesma linguagem, múltiplas falas. Campinas, Unicamp, 2005. Dissertação de mestrado em educação.

FONSECA, Ana Graciela; POSSARI, Lúcia Helena. A moda demarcando espaço: o caso da "moda hip hop". *IARA*, v. 3, n. 1, São Paulo, Senac, 2010.

GUARATO, Rafael. *Dança de rua*: corpos para além do movimento (Uberlândia, 1970-2007). Uberlândia, Edufu, 2008.

HERSCHMANN, Micael. Na trilha do Brasil contemporâneo. In: HERSCHMANN, Micael (org.). *Abalando os anos 90:* funk e hip hop – globalização, violência e estilo cultural. Rio de Janeiro: Rocco, 1997.

KELLNER, Douglas. *A cultura da mídia*. Estudos culturais: identidade e política entre o moderno e o pós-moderno. Bauru, Edusc, 2001.

LEITE, Carla S. *Ecos do Carandiru*: estudo comparativo de quatro narrativas do massacre. Rio de Janeiro, Universidade Federal do Rio de Janeiro, s/d. Dissertação de mestrado em ciência da literatura.

LIMA, Mariana Semião de. *Rap de batom*: família, educação e gênero no universo *rap*. Campinas, Unicamp, 2005. Dissertação de mestrado em educação.

LINCK, Débora. *Rap*: espaço para representação de uma possível utopia. São Leopoldo, Unisinos, 2007. Dissertação de mestrado em linguística aplicada.

MACA, Nelson. Algumas reflexões sobre o *hip hop*. *Palmares: Cultura Afro-Brasileira*, Brasília, Ministério da Cultura, n. 2, dez. 2005.

MATSUNAGA, Priscila Saemi. *Mulheres no hip hop*: identidades e representações. Campinas, Unicamp, 2006. Dissertação de mestrado em educação.

MELLO, Caio B. *A poesia envenenada dos Racionais MC's*: superávit de negatividade e fim de linha sistêmico, 2000, mímeo.

MORENO, Rosangela Carrilo. *As mutações da experiência militante*: um estudo a partir do movimento *hip hop* de Campinas. Campinas, Unicamp, 2007. Dissertação de mestrado em educação.

MOTTA, Anita e BALBINO, Jéssica. *Hip hop*: a cultura marginal. Do povo para o povo. São João da Boa Vista, UniFAE, 2006. Trabalho de Conclusão de Curso em Jornalismo.

PIRES, João Rodrigo Xavier. *Da Tropicália ao hip hop*: contracultura, repressão e alguns diálogos possíveis. Rio de Janeiro, PUC-RJ, 2007. Monografia (bacharelado em história).

ROSE, Tricia. Um estilo que ninguém segura: política, estilo e a cidade pós-industrial no *hip hop*. In: HERSCHMANN, Micael (org.). *Abalando os anos 90*: *funk* e *hip hop*: globalização, violência e estilo cultural. Rio de Janeiro, Rocco, 1997.

SILVA, Antonio Leandro da. *Música rap*: narrativa dos jovens da periferia de Teresina. São Paulo, PUC-SP, 2006. Dissertação de mestrado em ciências sociais.

SILVA, José Carlos Gomes da. *Rap na cidade de São Paulo*: música, etnicidade e experiência urbana. Campinas, Unicamp, 1998. Tese de doutoramento em antropologia.

TELLA, Marco Aurélio Paz. *Atitude, arte, cultura e autoconhecimento*: o *rap* como a voz da periferia. São Paulo, PUC-SP, 2000. Dissertação de mestrado em ciências sociais.

VIANNA, Hermano. *O mundo funk carioca*. Rio de Janeiro, Zahar, 1988.

WELLER, Wivian. A presença feminina nas (sub)culturas juvenis: a arte de se tornar visível. *Estudos Feministas*, Florianópolis, v. 13, n. 1, jan.-abr. 2005, p. 216.

YÚDICE, George. A funkificação do Rio. In: HERSCHMANN, Micael (org.). *Abalando os anos 90*: *funk* e *hip hop:* globalização, violência e estilo cultural. Rio de Janeiro, Rocco, 1997.

ZENI, Bruno. O negro drama do *rap*: entre a lei do cão e a lei da selva. *Estudos Avançados*, v. 18, n. 50, São Paulo, USP, jan.-abr. 2004.

Periódicos

A NOVA cara do *rap*. *Folha de S.Paulo*, 22 jan. 2001.

A VIOLÊNCIA e o som de quem não quer implorar. *Valor Econômico*, 05 fev. 2001.

[Anúncio.] *Folha de S.Paulo*, 29 jul. 1991.

[Anúncios.] *Veja*, n. 970, abr. 1987.

B. BOYS cariocas sonham viver do *break*. *Valor Econômico*, 12 jul. 2000.

BITTAR, Larissa. Cantor de *hip hop* irrita deputados. *Diário da Manhã*, 11 dez. 2008.

BRASIL também tem turma do bem. *Folha de S.Paulo*, 22 jul. 1996.

CÂMBIO Negro põe *rap* a serviço do bem. *Folha de S.Paulo*, 27 jan. 1999.

CAPELL, Rita. A dupla face do *hip hop*. *Jornal do Brasil*, 03 maio 2002.

CHIAVICATTI, Bianca. O sonhador visionário do *rap*. *Caros Amigos*, n. 24, São Paulo, Casa Amarela, jun. 2005, edição especial.

CURRY, Andreia. O *rap* briga por dignidade urgente. *Jornal do Brasil*, 09 jan. 1993.

DANÇA dos furiosos. *Veja*, 27 jun. 1990.

DIAS, Mauricio. A batida que vem das ruas. *Folha de S.Paulo*, 14 out. 2001.

DIONISIO, Rodrigo. 'Rap não é som de ladrão', diz Rappin' Hood. *Folha de S.Paulo*, 04 jul. 2001.

DIP, Andrea. O triunfo é do Nelson. *Caros Amigos*, n. 24, São Paulo, Casa Amarela, jun. 2005, edição especial.

FÁVERO, Lavínia. *Hip hop* é arte, é protesto, é ação. *Folha de S.Paulo*, 09 ago. 1999.

FOGAÇA, Elenita. Jovens ganham incentivo à ação social. *O Estado de S. Paulo*, 13 jan. 2000.

GANCIA, Bárbara. Cultura de bacilos. *Folha de S.Paulo*, 16 mar. 2007.

IMPROVISO e rádios comunitárias. *Jornal do Brasil*, 18 ago. 2000.

INCENDIÁRIO *rap*. *Jornal da Tarde*, 29 jun. 1990.

KLEIN, Cristian. Cantor de *rap* cria partido no Rio para representar os negros. *Folha de S.Paulo*, 06 maio 2001.

LEITE, Fabiane. Justiça veta vídeo de *rap* do grupo Facção Central na MTV. *Folha de S.Paulo*, 29 jun. 2000.

LIMA, Paulo Santos. Dupla de *hip-hoppers* ataca sistema com ritmo dançante. *Folha de S.Paulo*, 07 fev. 1998.

MACEDO, Lulie. Memória de Thaíde se confunde com história do *rap*. *Folha de S.Paulo*, 14 dez. 2004.

MARTINS, Sérgio. Pavilhão 9 vem "armado" em novo CD. *Folha de S.Paulo*, 22 mar. 1999.

MASSOM, Celso. Eles não sabem de nada. *Veja*, 07 dez. 1994.

MENA, Fernanda. Nos tempos da São Bento. *Folha de S.Paulo*, 20 ago. 2001.

_____. Corrente diz que movimento está perdendo a sua essência. *Folha de S.Paulo*, 22 jan. 2001.

MR. LEE, Snap! e Ineer City tocam na "Dance Music Fest". *Folha de S.Paulo*, 29 nov. 1990.

MÚSICA ofusca discurso do PT. *Folha de S.Paulo*, 19 jan. 1998.

NEY, Thiago. Rappin Hood lança segunda parte de trilogia. *Folha de S.Paulo*, 08 abr. 2005.

OLIVA, Fernando. "Detento" Mano Brow filma no Carandiru. *Folha de S.Paulo*, 29 jan. 1998.

PIONEIRO do *hip hop*, MC Jack volta com "Meu Lugar". *Folha de S.Paulo*, 05 out. 2001.

POMBO, Cristiano. Urbanos MCs cantam a periferia no Mundão. *Folha de S.Paulo*, 03 dez. 1998.

_____. Grupo de *rappers* se apresenta hoje no Sesc Santo Amaro, em programação que traz ainda Thaíde e DJ Hum. *Folha de S.Paulo*, 03 dez. 1998.

PRETOS, pobres, raivosos. *Veja*, 12 jan. 1994.

RAPPERS ganham oficina grátis em Diadema. *Folha de S.Paulo*, 17 set. 1993.

RAPPIN Hood lança segunda parte de trilogia. *Folha de S.Paulo*, 08 abr. 2005.

REZENDE, Marcelo. Racionais MC's. *Folha de S.Paulo*, 23 dez. 1997.

ROCHA, Janaina. Z'África Brasil inova com *hip hop* atípico. *Folha de S.Paulo*, 21 jun. 2002.

RODRIGUES, Apoenan. *"Rap"* ganha vida nova. *Jornal do Brasil*, 12 out. 1993.

RUIZ, Silvia. Posse leva *hip hop* a jovens de Heliópolis. *Folha de S.Paulo*, 06 dez. 1999.

SÁ, Xico. Rap ocupa espaço dos políticos na periferia. *Folha de S.Paulo*, 28 jan. 1996.

_____. Banalidade da violência inspira grupos. *Folha de S.Paulo*, 28 de jan. de 1996.

SANCHES, Pedro Alexandre. Grupo de *rap* desenha testemunho imaturo, mas de peso social e ético. *Folha de S.Paulo*, 20 de ago. de 2001.

_____. Ferréz estreia no *rap* avesso ao sucesso. *Folha de S.Paulo*, 16 mar. 2004.

SOM preto e branco. *Jornal do Brasil*, 11 jun. 1988.

STUDIO Favela: improvisos de momentos. In-Bolada Record, fev. 2008. Disponível em <in-boladarecord.blogspot.com>.

TABAK, Israel. *Hip hop*: a "revolução silenciosa" que mobiliza as favelas. *Jornal do Brasil*, 17 jun. 2001.

TODO mundo na fita. *Folha de S.Paulo*, 10 jul. 2001.

VALE, Israel do. Polícia do Rio investiga clipe do *rapper* MV Bill. *Folha de S.Paulo*, 23 dez. 2000.

VALLETTA, Marcelo. *Rapper*, desobediente, segue na contramão. *Folha de S.Paulo*, 05 dez. 2001.

VENTURA, Mauro. *Hip hop* sai do gueto, conquista o mercado e vira tema de livro. *O Globo*, 02 dez. 2001.

VIEIRA, Paulo. É o mais violento disco já produzido no país. *Folha de S.Paulo*, 23 dez. 1997.

WERNECK, Guilherme. A voz forte das minas. *Folha de S.Paulo*, 07 out. 2002.

Áudio

1 da Sul, CD *Us que são representa* (São Paulo, 1 da Sul, s/d).

4 preto, "É um vacilão" (Salvador, s/d, independente).

9mm, CD *Sem luta não há vitórias* (Valinhos, É Nóis na Fita, 2006).

Álibi, CD *Pague pra entrar e reze pra sair* (Brasília, Discovery, 1997).

Apocalipse XVI, CD *Segunda vinda, a cura* (São Paulo, 7 Taças, 2000).

Atividade Informal, "Pra fora" (sem referências).

B. Negão & Os Seletores de Frequência, CD *Enxugando gelo* (Niterói, 2003, independente).

Bandeira Negra, EP *Transformação* (Cabo Frio, s/d, independente).

Boogie Down Productions, "The Bridge is Over", EP *The Bridge Is Over/A Word From Our Sponsor* (Englewood, MIL Multimedia, 1987).

Câmbio Negro, CD *Diário de um feto* (Brasília, Discovery, 1996).

Célio Brown e Nan Boy, CD *Capital do abandono* (Imperatriz, s/d, independente).

Circuito Negro, CD *Retrato da periferia* (Sobradinho, CD Box, 2001).

Clânordestino, CD *A peste negra* (São Paulo, Face da Morte, 2003).

Código Negro, CD *Código negro* (Florianópolis, s/d).

Coletânea *Improviso de momentos* (Recife, 2007, independente).

Conexão do Morro, CD *Ao vivo* (São Paulo, s/d, independente).

Consciência Ativa, CD *Na mira do sistema* (Campo Mourão, s/d, independente).

Consciência Humana, CD *Lei da periferia* (São Paulo, DRR Records, 1996).

Davi Peres, "Liberdade pra lutar" (Florianópolis, s/d, independente).

Davi, "*Rap* do PAC" (Florianópolis, s/d, independente).

De Leve, CD *Manifesto ½ 171* (Niterói, 2006, independente).

De Menos Crime, CD *Na mais perfeita ignorância* (São Paulo, Kaskata's, 1995).

DF Movimento, LP *Pare pra pensar* (Brasília, TNT Records, 1994).

Discriminados, CD *Se não vai com a minha cara...* (Samambaia, s/d, independente).

DJ Alpiste, CD *Pra sempre* (Rob Digital, 2007).

DMN, CD *H.aço* (São Paulo, 1998, independente).

Doctor MCs, CD *Pra quem quiser ser* (São Paulo, Kaskata's, 1994).

Facção Central, CD *A marcha fúnebre prossegue* (São Paulo, Discoll Box, 2001)

Facção Central, CD *Ao vivo* (São Paulo, Sky Blue, 2005);

Facção Central, CD *Direto do campo de extermínio* (São Paulo, Face da Morte, 2003).

Facção Central, CD *Juventude de atitude* (São Paulo, Discoll Box, 1995).

Facção Central, CD *O espetáculo do Circo dos Horrores* (São Paulo, Facção Central, 2006).

Face da Morte, CD *Crime do raciocínio* (Hortolândia, Sky Blue, 1999).

Face da Morte, CD *Manifesto Popular Brasileiro* (Hortolândia, 2001, independente).

Família GOG, CD *A fábrica da vida* (s/l, 2001, independente).DJ Alpiste, CD *Pra sempre* (Rob Digital, 2007).

Força Subversiva, CD *Ativistas* (São Luis, s/d, independente).

Gabriel, O Pensador, LP *Gabriel, O Pensador* (Rio de Janeiro, Chaos, 1993).

Gírias Nacionais, CD *Desista de desistir* (Taubaté, 2003, independente).

GOG, CD *CPI da favela* (Brasília, 2002, independente).

GOG, CD *Das trevas à luz* (Brasília, Zâmbia, 1998).

GOG, CD *Dia a dia da periferia* (Brasília, Só Balanço, 1994).

GOG, LP *Peso pesado* (Brasília, Discovery, 1992).

Hip hop cultura de rua (São Paulo, Eldorado, 1988).

Joe Simon and Millie Jackson, "Theme from Cleopatra Jones", LP *Cleopatra Jones* (Warner Bros., 1973).

KL Jay, CD *Equilíbrio (a busca) – KL Jay na batida, v. 3* (São Paulo, 4P, 2001).

Linha Dura, "Vanguarda *hip hop*" (Cuiabá, s/d, independente).

Linha Dura, CD *Tchapa e cruz* (Cuiabá, s/d).

MC Leco, "CPI – Correções na Política Imediatamente" (Novo Hamburgo, s/d, independente).

Miguel de Deus, LP *Black Soul Brothers* (s/l, Discos Copacabana, 1977).

Mtume, "Hip Dip Skippedabeat", LP *Juicy Fruit* (s/l, Epic, 1983).

MV Bill, CD *Traficando informação* (Rio de Janeiro, BMG/Natasha, 1999).

Nando, "930 – código de otário" (São Luis, s/d, independente).

Nega Gizza, CD *Na humildade* (Rio de Janeiro, Chapa Preta, 2002).

Negredo, CD *Mundo real* (São Paulo, Atração Fonográfica, 2006).

NWA, LP *Straight outta Compton* (s/l, 1988).

OrganismoRap, CD *Dando a volta por cima* (Uberlândia, 2008, independente).

Os Metralhas, LP *Quatro anos depois* (São Paulo, 1994, independente).

Posse Mente Zulu, CD *Revolusom: a volta do tape perdido* (São Paulo, Unimar, 2005).

Prof. Pablo, CD *Estratégia* (São Paulo, 7 Taças, 2002).

Proletários MCs, "Camelô" (Porto Alegre, s/d, independente).

Public Enemy, LP *It Take a Nation of Millions to Hold Us Back* (Nova York, Def Jam/Columbia, 1988).

Raciocinar Rap, CD *Pra onde é que eu vou?* (Brasília, Nóspegaefaz, 2008).

Racionais MC's, CD *Ao vivo* (sem referências).

Racionais MC's, CD *Ao vivo em Porto Alegre* (Porto Alegre, 1998, não oficial).

Racionais MC's, CD *Ao vivo em Uberlândia* (Uberlândia, s/d, não oficial).

Racionais MC's, CD *Sobrevivendo no inferno* (São Paulo, Cosa Nostra, 1997).

Racionais MC's, LP *Raio-x do Brasil* (São Paulo, Zimbabwe, 1993).

Racionais MCs, LP *Holocausto urbano* (São Paulo, Zimbabwe, 1990).

Radicais de Peso, LP *Ameaça ao sistema* (São Paulo, Kaskata's, 1992).

Ralph, "Freestyle" (Taubaté, s/d, independente).
Realidade Cruel, CD *Dos barracos de madeirite... aos palácios de platina* (Hortolândia, 2004, independente).
Realidade Cruel, CD *Quem vê cara, não vê coração* (Hortolândia, 2004, independente).
Realistas, CD *Só prus guerrero* (Belo Horizonte, s/d, independente).
Rei, CD *A ocasião faz o ladrão* (Brasília, Discovery, s/d).
Renegado, CD *Do Oiapoque a Nova Iorque* (Belo Horizonte, 2008, independente).
Resistência Lado Leste, CD *Em busca da paz, vender-se jamais* (São Paulo, Magoo do Rap, 2006).
RZO, CD *Todos são manos* (São Paulo, Cosa Nostra, 1999).
RZO, Single *O trem* (São Paulo, Porte Ilegal, 1996).
Sabotage, CD *Rap é compromisso* (São Paulo, Cosa Nostra, 2000).
Saga Clã, "Socialismo ou barbárie", CD *Coletânea I Encontro Nacional Nação Hip Hop* (sem referências, v. 1).
Sistema Negro, LP *Ponto de vista* (Campinas, MA Records, 1994).
Testemunha Ocular, CD *Apruma-te* (Goiânia, Tratore, 2005).
Testemunha Ocular, CD *Frutos da rua* (Goiânia, Two Beer or Not Two Beer, 2003).
Thaíde e DJ Hum, CD *Preste atenção* (São Paulo, Eldorado, 1996).
Thaíde e DJ Hum, LP *Brava gente* (São Paulo, 1994, independente).
Tr3f, CD *De sofrimento basta meu passado* (São Paulo, s/d, independente).
Z'África Brasil. CD *Antigamente quilombo, hoje periferia* (São Paulo, RSF, 2002).

Audiovisuais

A palavra que me leva além. Dir. Emílio Domingos, Bianca Brandão e Luisa Pitanga, Brasil, 2000.
Beat Street. Dir. Stan Lathan, Estados Unidos, Orion Pictures, 1984.
Breaking. Dir. Joel Silberg, Estados Unidos, Golan-Globus Productions, 1984.
Cidade sangrenta. Dir. Rick Rubin, Estados Unidos, New Line, 1988.
Colors. Dir. Dennis Hopper, Estados Unidos, Orion Pictures, 1987.
DVD *Sabotage.* Showlivre, s/d.
Faça a coisa certa. Dir. Spike Lee, Estados Unidos, 40 Acres & A Mule Filmworks, 1989.
Fala tu. Dir. Guilherme Coelho, Rio de Janeiro, Matizar e Videofilmes, 2004. Ferréz, entrevista ao programa de web tv *Fortalecendo a corrente*, 13 fev. 2009, disponível em: <www.noticiarioperiferico.com/2009/02/programa-fortalecendo-corrente.html>.
Gildian Silva Pereira (Panikinho), depoimento coletado no evento "Harmônicas batalhas", promovido pelo Instituto Voz, no Tendal da Lapa, São Paulo, 26 jul. 2008. Disponível em: <museudapessoa.net>.
GOG, Discurso na Associação Cultural Novo Lua Nova, no Bixiga, em São Paulo. Documentado em vídeo por CarlosCarlos, do Projeto Bola & Arte, 21 set. 2010.

GOG, DVD *Cartão postal bomba*. Brasília, Só Balanço, 2009.

L.A.P.A.: um filme sobre o bairro da Lapa, um filme sobre o *rap* carioca. Dir. Cavi Borges e Emílio Domingos. Brasil, s/distribuidora, 2007. *Marcelo Augusto Carelli Preto* (Porcão), depoimento coletado no evento Harmônicas Batalhas, promovido pelo Instituto Voz, no Tendal da Lapa, São Paulo, 26 jul. 2008. Disponível em <museudapessoa.net>.

Minha área. Dir. Emílio Domingos, Cavi Borges, Gustavo Melo e Gustavo Pizzi, Rio de Janeiro, 2006. MV Bill. DVD *Sempre um papo*. Brasília, s/d. *O rap do pequeno príncipe contra as almas sebosas*. Dir. Marcelo Luna e Paulo Caldas, Brasil, Raccord, 2000.

Paulo César Gomes (Paulo Preto), depoimento coletado no evento "Harmônicas Batalhas", promovido pelo Instituto Voz, no Tendal da Lapa, São Paulo, 26 jul. 2008. Disponível em: <museudapessoa.net>.

Racionais MC's, videoclipe de "Diário de um detento". Dir. Mauricio Eça e Marcelo Corpani, s/d.

Rap de saia. Dir. Janaína Oliveira e Christiane de Andrade, Brasil, Na Mira Produções, 2006.

Sampa Crew, DVD *21 anos de balada*. Brasil, Unimar Music, 2007.

Thiago Tadeu Custódio dos Santos, depoimento coletado no evento "Harmônicas Batalhas", promovido pelo Instituto Voz, no Tendal da Lapa, São Paulo, 26 jul. 2008. Disponível em <museudapessoa.net>.

Tudo Nosso: o *hip hop* fazendo história. Dir. Toni C., Brasil, s/d.

Vinição e HD *versus* Zip e Dim, *Duelo de MCs*, Belo Horizonte, 08 maio 2009.

Wild Style. Dir. Charlie Ahearn, Estados Unidos, First Run Features, 1983.

Entrevistas/depoimentos

"Mister Niterói" [entrevista com o *rapper* Gustavo Black Alien, de Niterói]. *In*: NAVES, Santuza Cambraia, COELHO, Frederico Oliveira e BACAL, Tatiana (orgs.). *A MPB em discussão*: entrevistas. Belo Horizonte: Editora UFMG, 2005.

Entrevista (em áudio) com Gaspar, do grupo de *rap* Z'África Brasil (São Paulo). *Edições Toró*, 19 mar. 2009.

Entrevista com Aliado G, do grupo Face da Morte (Hortolândia), *RapNacional*, 05 set. 2006. Disponível em: <rapnacional.com.br>.

Entrevista com Aplic, do grupo Consciência Humana (São Paulo), *Enraizados*, 25 jan. 2007. Disponível em: <enraizados.com.br>.

Entrevista com Binho, do grupo Suspeitos 1, 2 (Salvador), *Hip Hop Alagoas*, s/d. Disponível em: <hiphop-al.blogspot.com>.

Entrevista com Carlos Eduardo Taddeo, do grupo Facção Central (São Paulo), *Hip Hop Minas*, 31 mar. 2007. Disponível em: <hiphopminas.com.br>.

Entrevista com Carlos Eduardo Taddeo, *Manos e Minas*, TV Cultura, 10 dez. 2008.

Entrevista com Carlos Eduardo Taddeo, *Mundo Black*, 2009. Disponível em <mundoblack.com.br>.

Entrevista com Carlos Eduardo Taddeo, *rapper* do grupo Facção Central. Concedida a Beto, do grupo Teoria, s/d.

Entrevista com DJ Raffa. *RapNacional*, 20 dez. 2000. Disponível em <rapnacional.com.br>.

Entrevista com Edi Rock, do grupo Racionais MC's (São Paulo). *RapNacional*, 21 set. 2005. Disponível em <rapnacional.com.br>.

Entrevista com Facção Central. *RapNacional*, 02 jan. 2004. Disponível em <rapnacional.com.br>.

Entrevista com Ferréz. *Fortalecendo a corrente*, 13 fev. 2009.

Entrevista com GOG. *457 FM*, Porto Alegre, s/d.

Entrevista com GOG. *Enraizados*, 24 dez. 2007. Disponível em <enraizados.com.br>.

Entrevista com GOG. *Rap Brasil*, n. 3, 2008.

Entrevista com Ilusão Obscura (Salvador). *Hip Hop Alagoas*, 05 ago. 2008. Disponível em <hiphopal.blogspot.com>.

Entrevista com Jamal, realizada por Alessandro Buzo. *RapNacional*, 11 mar. 2004. Disponível em <rapnacional.com.br>.

Entrevista com Jota, do grupo Família LDR. *Para Além do Hip Hop*, jun. 2008. Disponível em <paraalemdohiphop.blogspot.com>.

Entrevista com Mano Brown, do grupo Racionais MC's. *XXL TV*, s/d e demais referências. Disponível em <xxl.com.br>.

Entrevista com Ministério da Favela (Salvador – BA). *OrigenRap*, maio 2008. Disponível em <origenrap.blogspot.com>.

Entrevista com Moysés, *rapper* de São Paulo. *Manos e Minas*, TV Cultura, 06 jun. 2009.

Entrevista com Nando, *rapper* de São Luis. *Buzo Entrevista*, 02 dez. 2008. Disponível em <buzoentrevistas.blogger.com.br>.

Entrevista com Pregador Luo. *RapNacional*, 11 mar. 2003. Disponível em <rapnacional.com.br>.

Entrevista com Rappin Hood. *Caros Amigos*, s/d. Disponível em <carosamigos.terra.com.br>.

Entrevista com Rei. *RapNacional*, 10 mar. 2007. Disponível em <rapnacional.com.br>.

Entrevista explosiva: MV Bill. *Caros Amigos*, n. 99, São Paulo, Casa Amarela, jun. 2005.

BIBLIOGRAFIA

ALMEIDA FILHO, Dinaldo Sepúlveda. *Os mistérios do Carandiru*: cárcere, massacre e cultura de massas. Rio de Janeiro, PUC-RJ, 2007. Dissertação de mestrado em comunicação social.

ALVES, Giovanni. *O novo (e precário) mundo do trabalho*: reestruturação produtiva e crise do sindicalismo. São Paulo, Boitempo/Fapesp, 2000.

_____. Trabalho e sindicalismo no Brasil: um balanço crítico da "década neoliberal" (1990-2000). *Revista de Sociologia e Política*, n. 19, Curitiba, UFPR, nov. 2002.

ANTUNES, Ricardo. *Adeus ao trabalho?* Ensaio sobre as metamorfoses e a contemporaneidade do mundo do trabalho. 2. ed. São Paulo/Campinas, Cortez/Editora da Unicamp, 1995.

BAUMAN, Zygmunt. *O mal-estar da pós-modernidade*. Rio de Janeiro, Zahar, 1998.

BENJAMIN, César et al. *A opção brasileira*. Rio de Janeiro, Contraponto, 1998.

BOITO JR., Armando. *Política neoliberal e sindicalismo no Brasil*. São Paulo, Xamã, 1999.

_____. A hegemonia neoliberal no governo Lula. *Crítica Marxista*, n. 17, Rio de Janeiro, Revan, 2003.

_____. O Estado capitalista no centro: crítica ao conceito de poder de Michel Foucault. In. *Estado, política e classes sociais*: ensaios teóricos e históricos. São Paulo, Editora Unesp, 2007.

BORON, Atílio A. Poder, "contrapoder" e "antipoder": notas sobre um extravio teórico-político no pensamento crítico contemporâneo. In. MORAES, Dênis de. *Combates e utopias*: os intelectuais num mundo em crise. Rio de Janeiro, Record, 2004.

BOURDIEU, Pierre. *O poder simbólico*. Rio de Janeiro, Bertrand Brasil/Difel, 1989.

BRAGA, Ruy. *A restauração do capital*: um estudo sobre a crise contemporânea. São Paulo, Xamã, 1996.

CALDEIRA, Teresa. Memória e relato: a escuta do outro. *Revista do Arquivo Municipal*, São Paulo, Departamento do Patrimônio Histórico, n. 200, 1991.

CASTELLS, Manuel. *Fim de milênio*, v. 3: *A era da informação: economia, sociedade e cultura*. São Paulo, Paz e Terra, 1999.

CERTEAU, Michel de. *A invenção do cotidiano*, v. 1: *Artes de fazer*. Petrópolis, Vozes, 1994.

CEVASCO, Maria Elisa. *Dez lições sobre estudos culturais*. São Paulo, Boitempo, 2008.

CHALHOUB, Sidney. *Cidade febril*: cortiços e epidemias na Corte imperial. São Paulo, Companhia das Letras, 1996.

CHARTIER, Roger. *História cultural*: entre práticas e representações. Lisboa/Rio de Janeiro, Difel/Bertrand Brasil, 1990.

_____. *À beira da falésia*: a história entre incertezas e inquietudes. Porto Alegre, Editora da UFRGS, 2002.

CHESNAIS, François. *A mundialização do capital*. São Paulo, Xavana, 1996.

DARNTON, Robert. *O grande massacre de gatos*, e outros episódios da história cultural francesa. Rio de Janeiro, Graal, 1986.

_____. *Edição e sedição*: o universo da literatura clandestina no século XVIII. São Paulo, Companhia das Letras, 1992.

DENIS, Benoît. *Literatura e engajamento*: de Pascal a Sartre. Bauru, Edusc, 2002.

DIAS, Edmundo Fernandes. Posfácio. In. BRAGA, Ruy. *A restauração do capital*: um estudo sobre a crise contemporânea. São Paulo, Xamã, 1996.

DUSSEL, Enrique. *Vinte teses de política*. São Paulo, Expressão Popular, 2007.

FOUCAULT, Michel. *Microfísica do poder*. 2. ed. Rio de Janeiro, Graal, 1981.

_____. *A história da sexualidade*, v. 1: *A vontade de saber*. Rio de Janeiro, Graal, 2001.

_____. *A verdade e as formas jurídicas*. Rio de Janeiro, Nau, 2002.

FURTADO, João Pinto. A música popular no ensino de história: possibilidades e limites. In. SILVA, Francisco Carlos T. (org.), *História e imagem*: cinema, cidades, música, iconografia e narrativa. Rio de Janeiro, UFRJ/Proin-Capes, 1998.

GARCÍA-CANCLINI, Néstor. *Culturas híbridas*: estratégias para entrar e sair da modernidade. São Paulo, Edusp, 2003.

GINZBURG, Carlo. *O queijo e os vermes*: o cotidiano e as ideias de um moleiro perseguido pela Inquisição. São Paulo, Companhia das Letras, 2006.

_____. O extermínio dos judeus e o princípio da realidade. In. MALERBA, Jurandir (org.). *A história escrita*: teoria e história da historiografia. São Paulo, Contexto, 2006.

_____. *O fio e os rastros*: verdadeiro, falso, fictício. São Paulo, Companhia das Letras, 2007.

_____. *Olhos de madeira*: nove ensaios sobre a distância. São Paulo, Companhia das Letras, 2001.

GOMES, Angela de Castro. Política: história, ciência, cultura etc. *Estudos Históricos*, Rio de Janeiro, CPDoc, n. 17, 1996.

GOMES, Dias. O engajamento é uma prática de liberdade. *Revista Civilização Brasileira*, Rio de Janeiro, n. 2, caderno especial "Teatro e realidade brasileira", jul. 1968.

GRAMSCI, Antonio. *Cadernos do cárcere*, v. 2: *Os intelectuais. O princípio educativo. Jornalismo*. Rio de Janeiro, Civilização Brasileira, 2001.

GUIMARÃES, Juarez. A crise do paradigma neoliberal e o enigma de 2002. *São Paulo em Perspectiva*, v. 15, n. 4, 2001.

HAROCHE, Claudine. *A condição sensível*: formas e maneiras de sentir no Ocidente. Rio de Janeiro, Contra Capa, 2008.

HOBSBAWM, Eric. *Sobre história*: ensaios. São Paulo, Companhia das Letras, 1998.

LANDSBERG, Paul-Louis. *O sentido da ação*. Rio de Janeiro, Paz e Terra, 1968.

LECHNER, Norbert. Os novos perfis da política: um esboço. *Lua Nova*, São Paulo, Cedec, n. 62, 2004.

MACHADO, Gustavo Viana. *A burguesia brasileira e a incorporação da agenda liberal nos anos 90*. Campinas, Unicamp, 2002. Dissertação de mestrado em economia.

MACHADO, Roberto. Introdução. In. FOUCAULT, Michel. *Microfísica do poder*. 2. ed. Rio de Janeiro, Graal, 1981.

MACHADO, Sílvio Romero Martins. *Ideologia e discurso diplomático*: a inserção do Brasil na ordem neoliberal (1985-1999). Porto Alegre, Faculdade de Filosofia e Ciências Humanas da PUC-RS, 2005. Dissertação de mestrado em história das sociedades ibéricas e americanas.

MAGNANI, José Guilherme. *Festa no pedaço*: cultura popular e lazer na cidade. São Paulo, Hucitec, 1998.

_____. Trajetos e trajetórias: uma perspectiva da antropologia urbana. *Sexta Feira*, São Paulo, Editora 34, n. 8, 2006.

MARTÍN-BARBERO, Jesús. *Dos meios as mediações*: comunicação, cultura e hegemonia. Rio de Janeiro, Editora UFRJ, 2008.

MATOS, Maria Izilda Santos de. A cidade, a noite e o cronista: São Paulo de Adoniran Barbosa. *Anais do XIX Encontro Regional de História*: poder, violência e exclusão, São Paulo, Anpuh-SP, 8 a 12 set. 2008.

MORAES, José Geraldo Vinci de. História e música: canção popular e conhecimento histórico. *Revista Brasileira de História*, São Paulo, v. 20, n. 39, 2000.

MORAES, Reginaldo. *Neoliberalismo*: de onde vem, para onde vai? São Paulo, Senac, 2001.

NAPOLITANO, Marcos. Pretexto, texto e contexto na análise da canção. In. SILVA, Francisco Carlos T. (org.). *História e imagem*. Rio de Janeiro, UFRJ/Proin-Capes, 1998.

NAPOLITANO, Marcos; WASSERMAN, Maria Clara. Desde que o samba é samba: a questão das origens no debate historiográfico sobre a música popular brasileira. *Revista Brasileira de História*, São Paulo, v. 20, n. 39, 2000.

PARANHOS, Adalberto. O Brasil dá samba? Os sambistas e a invenção do samba como "coisa nossa". In. TORRES, Rodrigo (org.). *Música popular en América Latina*. Santiago do Chile, Fondarte, 1999.

_____. Chega de saudade ou... saudades do ladrão: a propósito de *O roubo da fala*: origens da ideologia do trabalhismo no Brasil. *Cronos*, Natal, v. 2, n. 1, jun.-dez. 2001.

_____. Vozes dissonantes sob um regime de ordem-unida: música e trabalho no "Estado Novo". *ArtCultura*, Uberlândia, Edufu, v. 4, n. 4, jun. 2002.

_____. A música popular e a dança dos sentidos: distintas faces do mesmo. *ArtCultura*, Uberlândia, Edufu, n. 9, jul.-dez. 2004.

_____. *Os desafinados*: sambas e bambas no "Estado Novo". São Paulo, PUC-SP, 2005. Tese de doutoramento em história social.

_____. *O roubo da fala*: origens da ideologia do trabalhismo no Brasil. 2. ed. São Paulo, Boitempo, 2007.

_____. Política e cotidiano: as mil e uma faces do poder. In. MARCELLINO, Nelson C. (org.).

Introdução às ciências sociais. 17. ed. Campinas, Papirus, 2010.

POLLAK, Michael. Memória, esquecimento, silêncio. *Estudos Históricos*, Rio de Janeiro, CPDoc, v. 2, n. 3, 1989.

_____. Memória e identidade social. *Estudos Históricos*, Rio de Janeiro, CPDoc, v. 5, n. 10, 1992.

PORTELLI, Alessandro. O que faz a história oral diferente. *Projeto História*, São Carlos, Edusc, n. 14, fev. 1997.

_____. O massacre de Civitella Val di Chiana (Toscana: 29 de junho de 1944): mito, política, luto e senso comum. In. FERREIRA, Marieta de Moraes; AMADO, Janaína (orgs.). *Usos & abusos da história oral*. Rio de Janeiro, Editora FGV, 2001.

SADER, Eder. *Marxismo e teoria da revolução proletária*. São Paulo, Ática, 1986.

SADER, Eder; PAOLI, Maria Célia. Sobre "classes populares" no pensamento sociológico brasileiro (notas de leitura sobre acontecimentos recentes). In. CARDOSO, Ruth (org.). *A aventura antropológica*: teoria e pesquisa. Rio de Janeiro, Paz e Terra, 1986.

SADER, Emir. *Perspectivas*. Rio de Janeiro, Record, 2005.

SAID, Edward. *Orientalismo*: o oriente como invenção do ocidente. São Paulo, Companhia das Letras, 2007.

SAMUEL, Raphael. Teatros de memória. *Projeto História*, n. 14, São Carlos, Edusc, fev. 1997.

SANTOS, Boaventura de Sousa. *A globalização e as ciências sociais*. 2. ed. São Paulo, Cortez, 2002.

SANTOS, Roberval de Jesus Leone dos. Modelos de engajamento. *Estudos Avançados*, v. 19, n. 54, 2005.

SENNET, Richard. *O declínio do homem público*: as tiranias da intimidade. São Paulo, Companhia das Letras, 1999.

SEVCENKO, Nicolau. *A corrida para o século XXI*: no *loop* da montanha-russa. São Paulo, Companhia das Letras, 2001.

THOMPSON, E. P. *A miséria da teoria*: ou um planetário de erros. Rio de Janeiro, Zahar, 1981.

_____. *A formação da classe operária inglesa*, v. 2: *A maldição de Adão*. Rio de Janeiro, Paz e Terra, 1987.

_____. *Costumes em comum*: estudos sobre a cultura popular tradicional. São Paulo, Companhia das Letras, 1998.

_____. *As peculiaridades dos ingleses e outros artigos*. Campinas, Editora da Unicamp, 2001.

_____. *Os românticos*: a Inglaterra na era revolucionária. Rio de Janeiro: Civilização Brasileira, 2002.

VELLOSO, Mônica Pimenta. *As tradições populares na* belle époque *carioca*. Rio de Janeiro, Funarte/Instituto Nacional do Folclore, 1988.

VISENTINI, Carlos Alberto. *A teia do fato*: uma proposta de estudo sobre a memória histórica. São Paulo, Hucitec, 1997.

WILLIAMS, Raymond. *Cultura e sociedade*: 1789-1950. São Paulo, Companhia Editora Nacional, 1969.

_____. *Marxismo e literatura*. Rio de Janeiro, Zahar, 1979.

_____. *Campo e cidade*. São Paulo, Companhia das Letras, 1989.

_____. *Cultura*. Rio de Janeiro, Paz e Terra, 1992.

_____. *Tragédia moderna*. São Paulo, Cosac Naify, 2002.

ZALUAR, Alba. *Integração perversa*: pobreza e tráfico de drogas. Rio de Janeiro, Editora FGV, 2004.

ZAN, José Roberto. *Funk, soul e jazz* na terra do samba: a sonoridade da banda Black Rio. *ArtCultura*, Uberlândia, Edufu, v.7, n. 11, jul.-dez. 2005.

AGRADECIMENTOS

Ao professor Adalberto Paranhos, que com rigor, competência e compreensão dos meus limites (seja de tempo ou de pensamento) conduziu com maestria a tarefa de orientação da dissertação de mestrado que deu origem a este livro, a quem devo reconhecer que a influência exercida em minha formação foi decisiva para as conclusões a que aqui cheguei.

À professora Maria Izilda Santos de Matos e aos professores Alexandre de Sá Avelar e Edilson José Graciolli, interlocutores importantes por meio do exame de qualificação e da defesa de mestrado.

Aos *rappers* que conheci/convivi e que compartilharam informalmente parte de suas vivências e leituras no/do *rap*; aos apaixonados e anônimos sujeitos que passam parte considerável de seu tempo alimentando *sites*, *blogs*, *zines* e grupos de e-mails, promovendo shows, hospedando arquivos, realizando entrevistas, compondo, gravando e fazendo – às vezes por mero prazer – culturas vivas, dinâmicas, conflituosas, contraditórias.

A Lígia Perini, pela leitura criteriosa e os comentários francos que contribuíram com minhas reflexões. A seus pais, João Ilario e Luciene, pelos momentos compartilhados e pelo carinho.

A Robson, Zenaide, Rogério, Lilian e Roberta, minha família, pessoas de grande importância nessa trajetória e fonte de incentivos e cooperação. Agradeço, entre outras coisas que marcaram a vida cotidiana, por entenderem a minha ausência durante a preparação deste trabalho.

A Raissa Dantas, pela amizade, cumplicidade, afeto e amor. Aos seus pais, Delma e José Hamilton, pelo acolhimento e carinho dispensados. Ao Oto, fruto do nosso encontro e gênese de novos e intensos aprendizados objetivos e subjetivos.

À Funarte, que contribuiu com esta publicação por meio do Prêmio Funarte de Produção Crítica em Música.

À Boitempo Editorial, que acolheu com profissionalismo e cordialidade a proposta de publicação deste livro.

Amanda Lopes | Flickr

Publicada em 2015, esta edição homenageia o *rapper* Sabotage, assassinado há dezesseis anos em São Paulo. O livro foi composto em Adobe Garamond Pro 11/14,3, e reimpresso em papel Chambril Avena 80 g/m², pela gráfica Forma Certa, para a Boitempo, em outubro de 2024, com tiragem de 300 exemplares.